Sumari

Mapa index - Avingudes i carrers principals .... 2 - 3
Barcelona - 1:12 000 .... - 61
Barcelona centro - 1:5 500 .... - 70
Llegenda .... - 73
Abreviacions que s'utilitzen en la relació 74
Índex 75
Índex de carrers numerats al pla 123
índice de calles numeradas en el plano .... 123 - 127
Telèfons útils .... 128 - 129
Teléfonos útiles .... 128 - 129

Sommaire

Tableau d'assemblage - Grands axes de circulation ... 2 - 3
Barcelona - 1:12 000 .... 2 - 61
Barcelona centre - 1:5 500 .... 62 - 70
Légende .... 71 - 73
Abréviations utilisées dans l'index 74
Index .... 75 - 122
Index des rues numérotées sur le plan .... 123 - 127
Téléphones utiles .... 128 - 129

Contents

Key to map pages - Main traffic artery .... 2 - 3
Barcelona - 1:12 000 .... 2 - 61
Barcelona centre - 1:5 500 .... 62 - 70
Key .... 71 - 73
Abbreviations used in the index 74
Index .... 75 - 122
Index of streets numbered on plan .... 123 - 127
Useful telephone numbers .... 128 - 129

Inhaltsübersicht

Übersicht - Hauptverkehrsstraßen .... 2 - 3
Barcelona - 1:12 000 .... 2 - 61
Barcelona Zentrum - 1:5 500 .... 62 - 70
Zeichenerklärung .... 71 - 73
Abkürzungen, die im Straßen- 74
verzeichnis verwendet werden
Straßenverzeichnis .... 75 - 122
Durch Nummern gekennzeichnete Straßen ... 123 - 127
Nützliche Telefonnummern .... 128 - 129

Sommario

Quadro d'insieme - Grandi direttrici stradali .... 2 - 3
Barcelona - 1:12 000 .... 2 - 61
Barcelona centro - 1:5 500 .... 62 - 70
Legenda .... 71 - 73
Abbreviazioni utilizzate nell'indice 74
Indice .... 75 - 122
Indice delle strade numerate sulla pianta ...... 123 - 127
Numeri di telefono utili .... 128 - 129

Badalona 110
Cornellà de Llobregat .... 110 - 112
Esplugues de Llobregat .... 113 - 114
L'Hospitalet de Llobregat .... 115 - 119
El Prat de Llobregat 119
Sant Adrià de Besòs .... 119 - 120
Sant Joan Despí 121
Sant Just Desvern 121
Santa Coloma de Gramenet 122

| 0 | 250 | 500 | 750 | 1000 m |

1/12 000

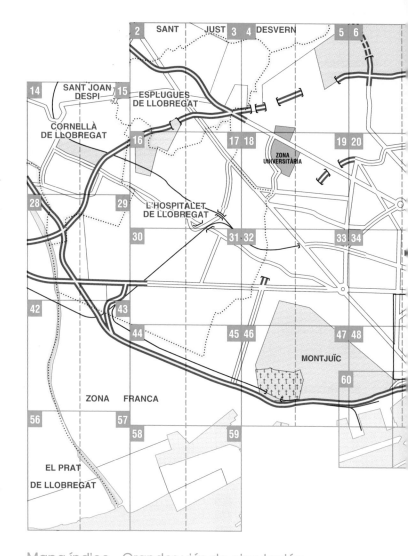

Mapa índice - Grandes viás de circulación

Mapa index - Avingudes i carrers principas

Tableau d'assemblage - Grands axes de circulation

Key to map pages - Main traffic artery

Übersicht - Hauptverkehrsstraßen

Quadro d'insieme - Grandi direttrici stradali

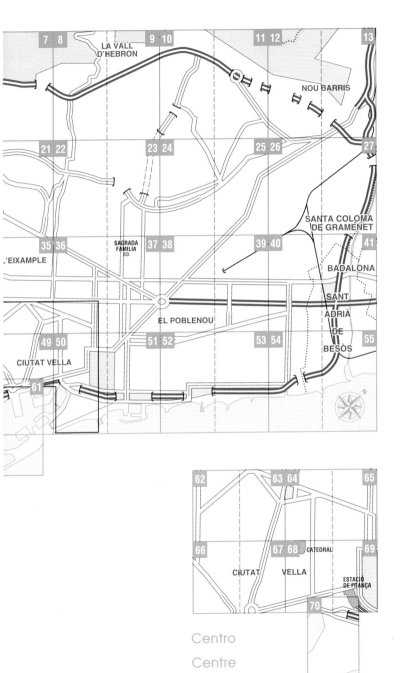

LA VALL
D'HEBRON

NOU BARRIS

SANTA COLOMA
DE GRAMENET

BADALONA

SANT

L'EIXAMPLE

SAGRADA
FAMILIA

ADRIÀ

DE

BESÒS

EL POBLENOU

CIUTAT VELLA

CATEDRAL

CIUTAT   VELLA

ESTACIO
DE FRANÇA

Centro
Centre
Zentrum

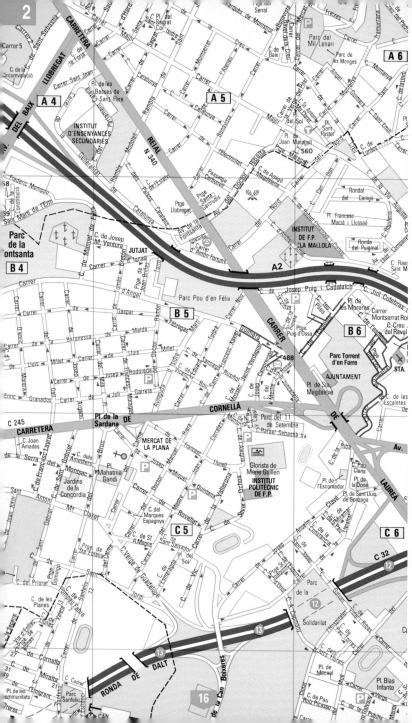

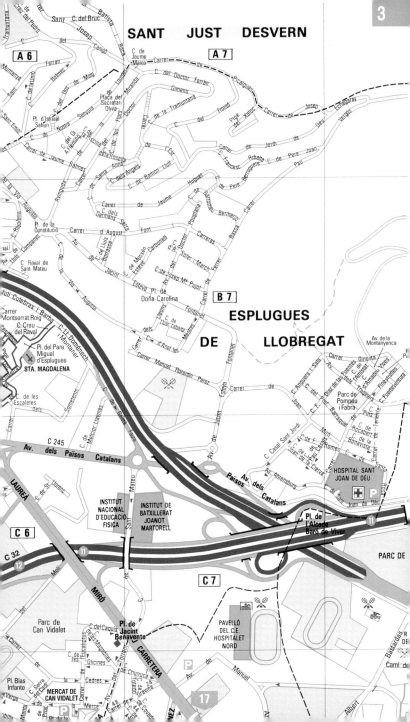

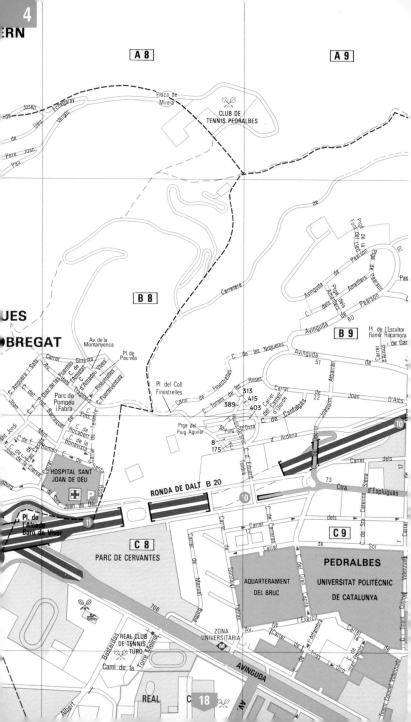

A 8

A 9

Plaça de
Mireia

CLUB DE
TENNIS PEDRALBES

de Josep
Echegaray
Vergos

de
Déu

de

Pere Joan

Pau

de la Font del Ferrat
Ptge de la Font del Ferrat

B 8

Carretera

de

Pearson

Avinguda
de
Ptge dels Ametllers
dels Ametllers
Ametllers
de Pearson

Pas

C.
de
60
Pearson

Avinguda

B 9

Pl. de l'Escultor
Ramir Rocamora
i de Gar

Carrer
Prats

de

JES

BREGAT

Av. de la
Montanyenca

Pl. de
Pau vila

Carrer
Ginesta
C. de
d'Oliver de les Fuentes
C. de Flassar
C. d'Camateu Vives
d'Finapellos
C. Fuencisla

Taradina

C. de les Noguers

Avinguda

51

de

Joan

D'Atos

Albarran

Parc de
Pompeu
i Fabra

Pl. del Coll
Finestrelles

C. de Finestrelles

Camí de Torrent de les
Roses

313

de

Carrer

415

389

403

Carrer
del Castell
C. de Castell
d'Olorde
d'Olorde

22

Cantaigls

de

C. de les
C. Pins

C. de
Rocafort
C. de la
Bonavista

Tenientes

Joan

Sant Jordi
Miro
C. de f.
Romeo
Joan de la Cierva
sburg
Juan de Déu

Ptge del
Puig Aguilar

Puig d'Ossa
C. de

d'Ardena

8

Toldrà
C. d'Eduard

175

HOSPITAL SANT
JOAN DE DÉU

P

RONDA DE DALT B 20

73

Carrer
dels
17

Ctra.
d'Esplugues

10

11

Pl. de
l'Alcade
Baró de Vivar

10

Carrer
Carretera
de Sta

C 8

PARC DE CERVANTES

12

dels

de

Sor

C 9

Carrer

PEDRALBES

UNIVERSITAT POLITÉCNIC
DE CATALUNYA

706

Carrer
Gonzalez

del Gran
Capità

AQUARTERAMENT
DEL BRUC

de

l'Exercit

Bastardas
REAL CLUB
DE TENNIS
TURÓ

ZONA
UNIVERSITARIA

M

Av.

Carrer
de

d'Altamira

Carrer

Tries
14

Vallmajor

Carrer

de la Torre Melina

Cami de la

AVINGUDA

AV.

Albert

REAL

C

18

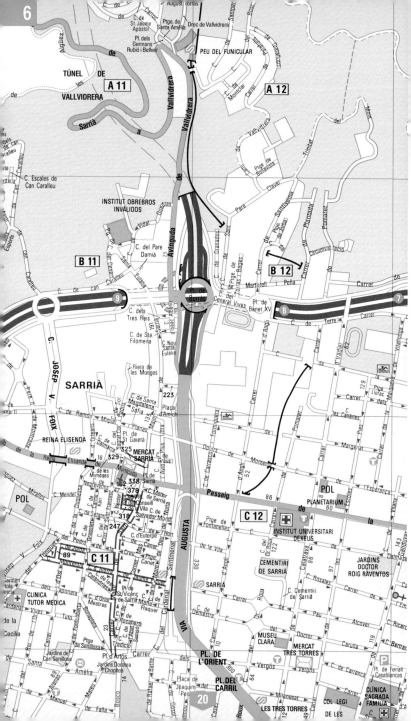

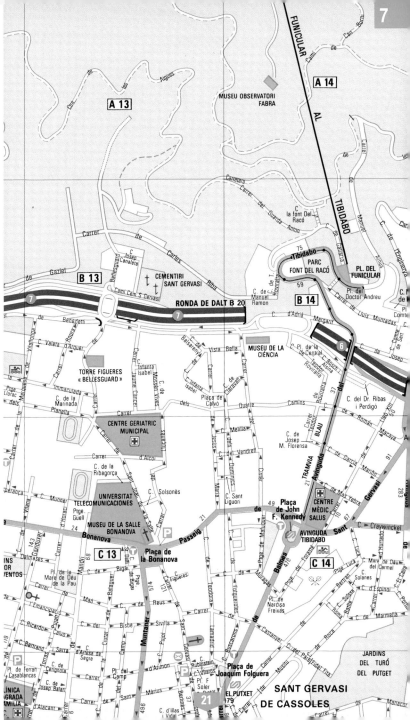

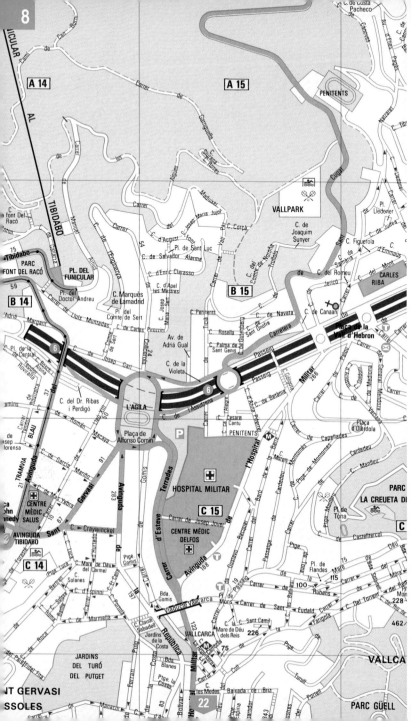

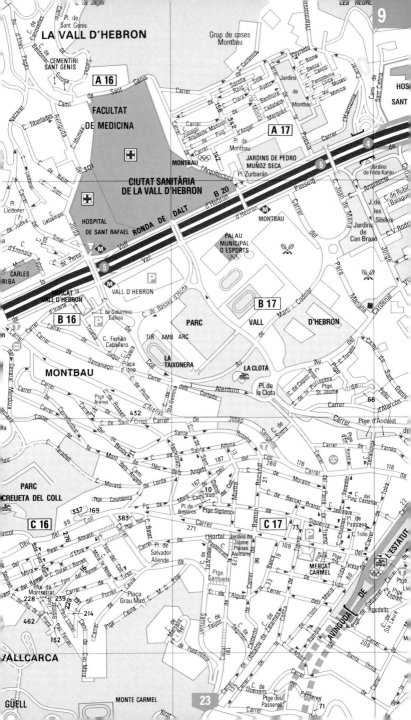

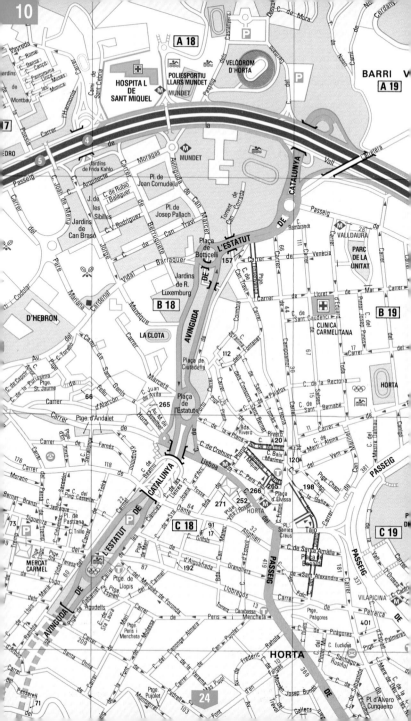

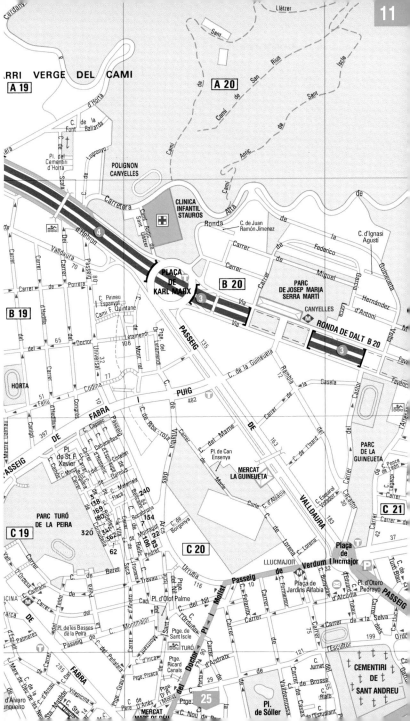

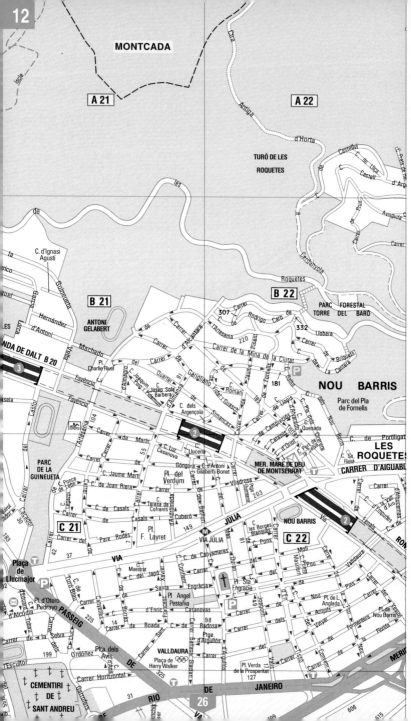

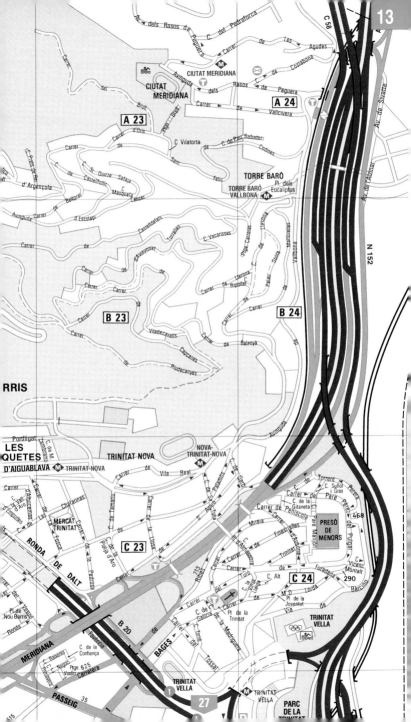

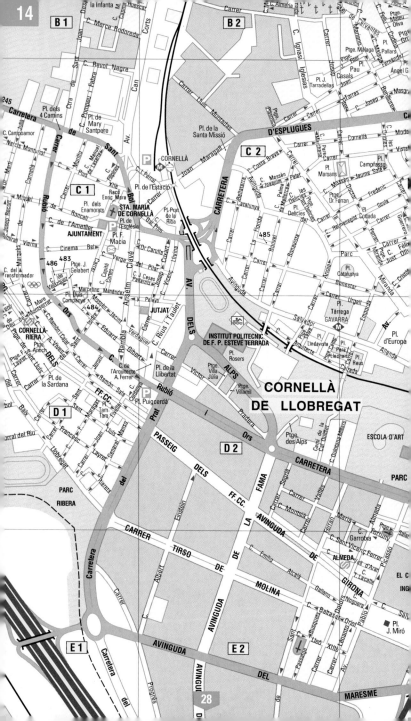

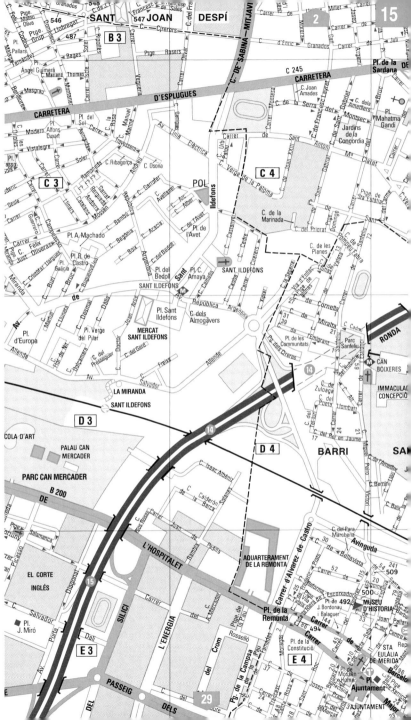

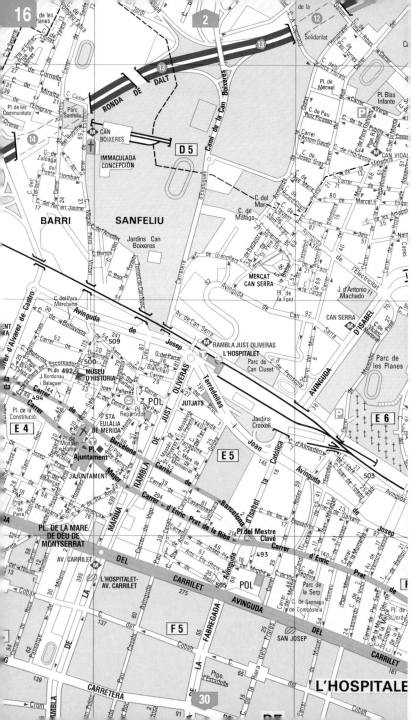

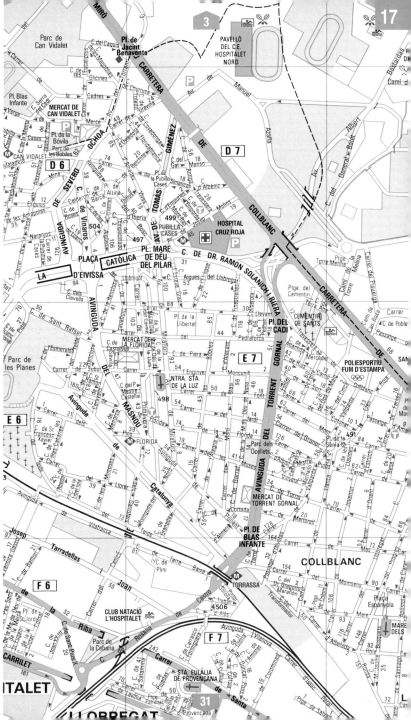

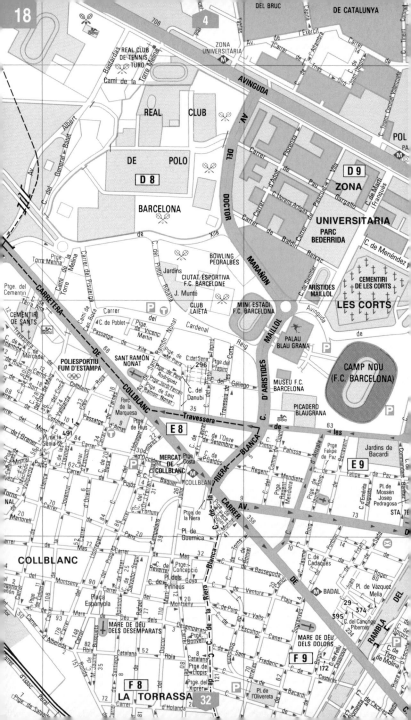

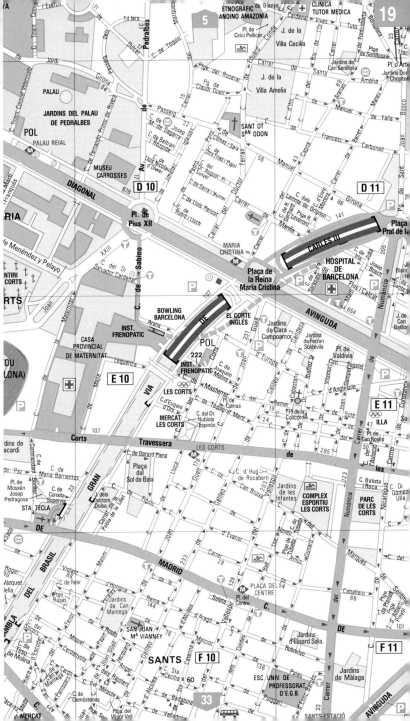

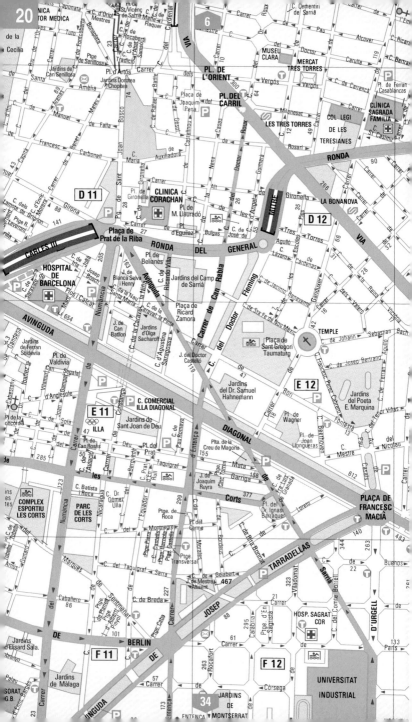

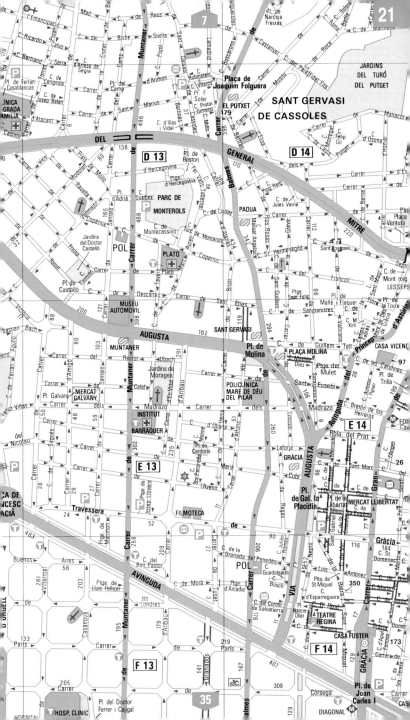

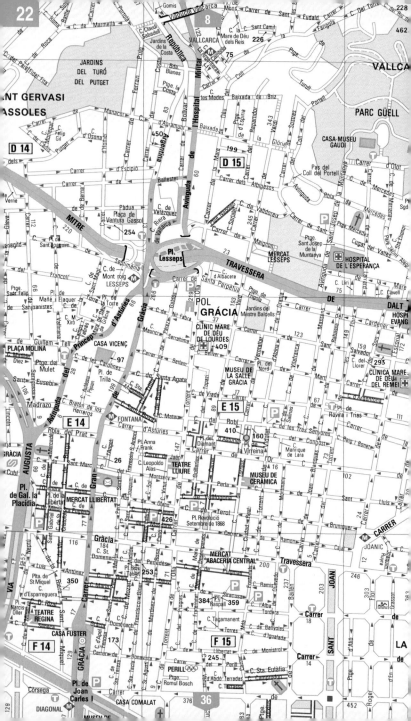

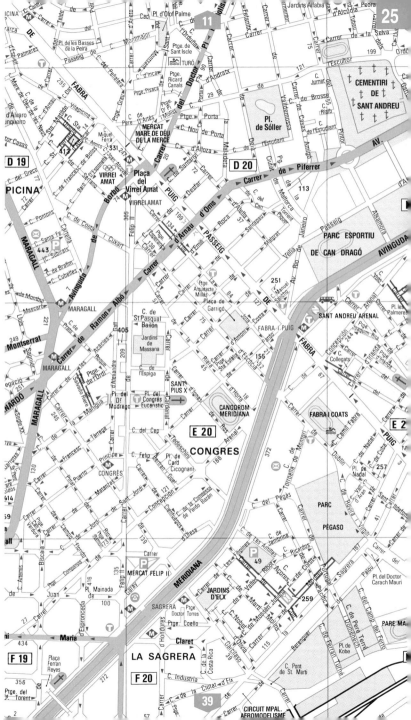

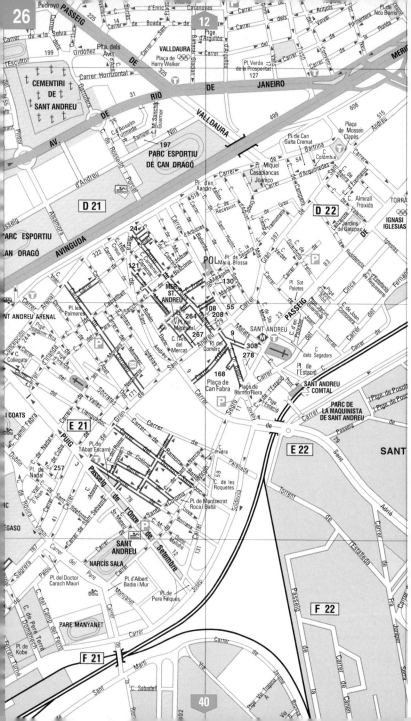

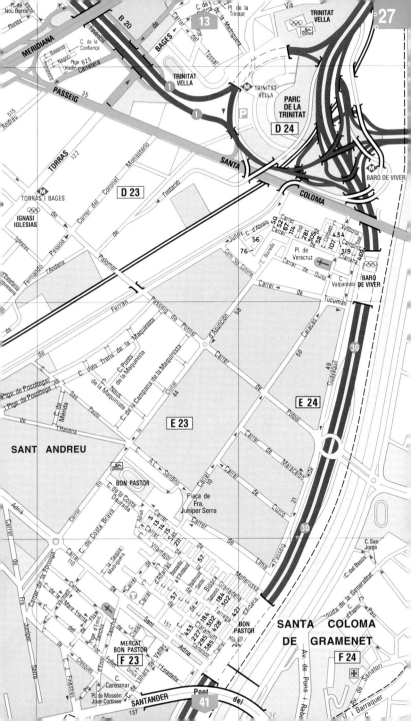

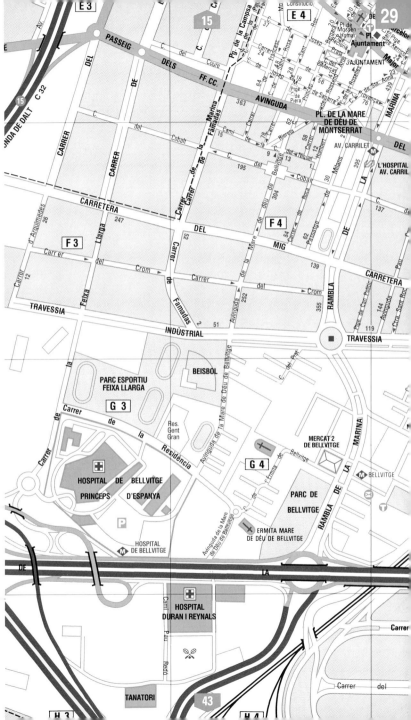

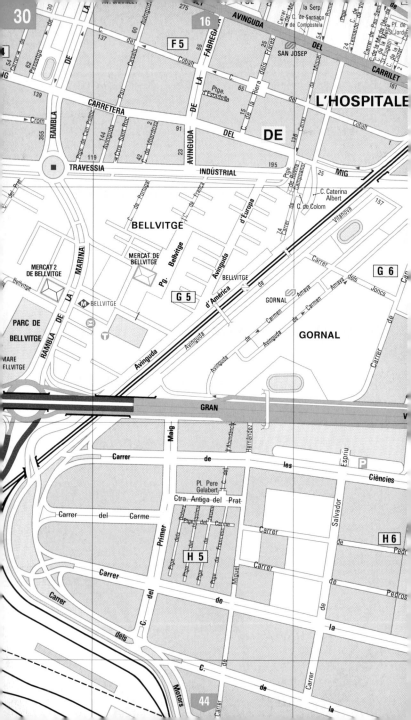

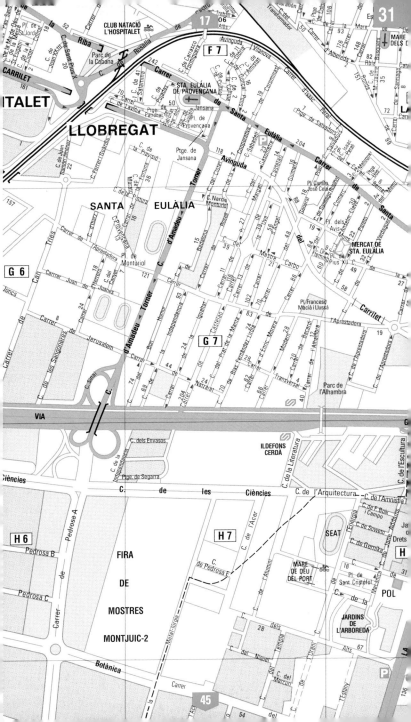

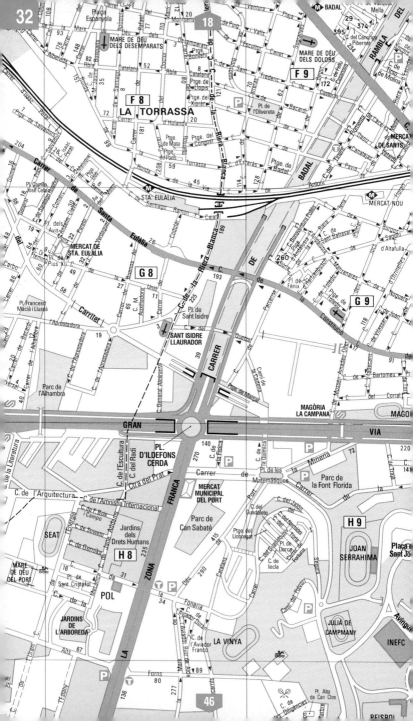

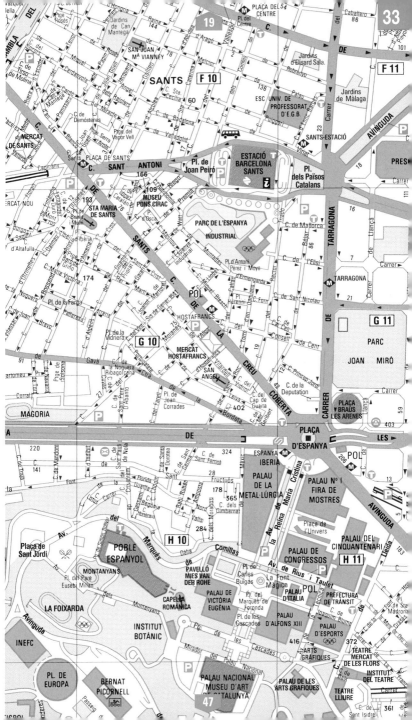

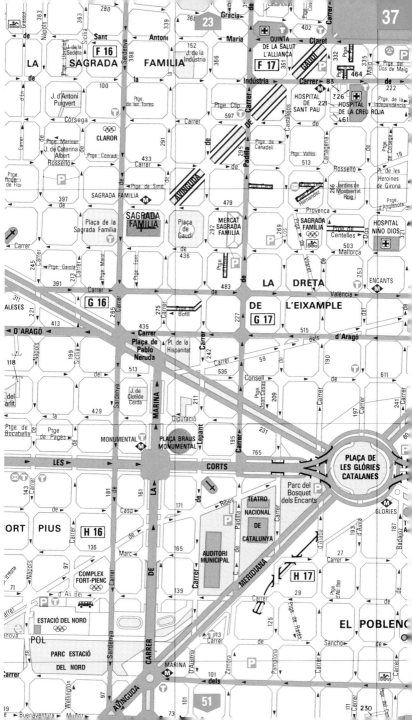

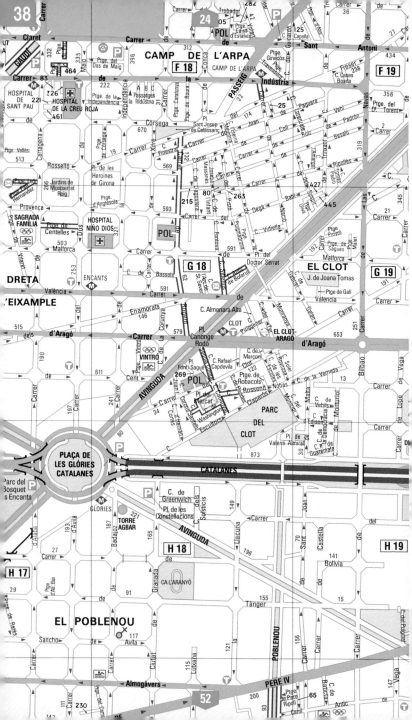

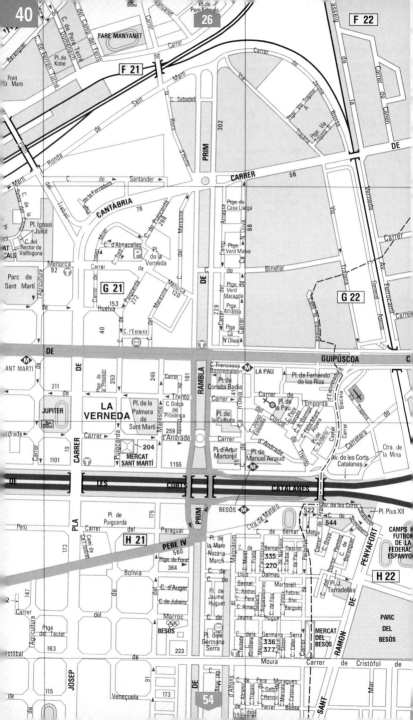

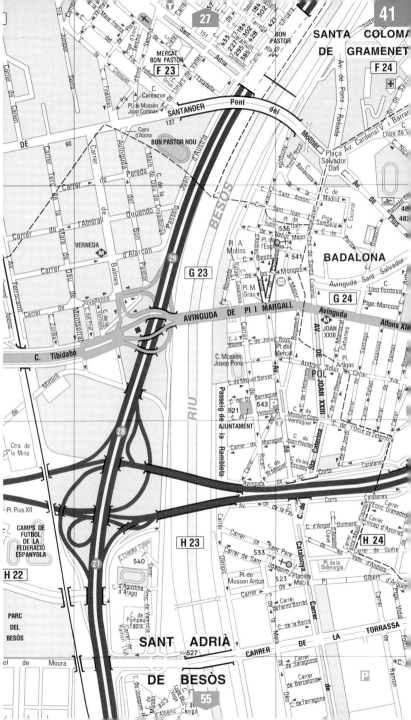

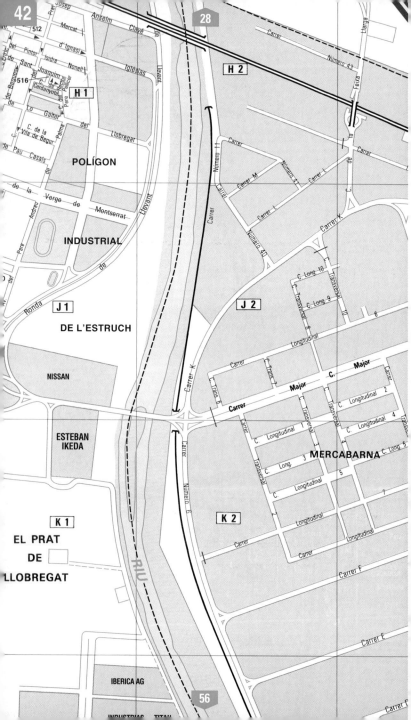

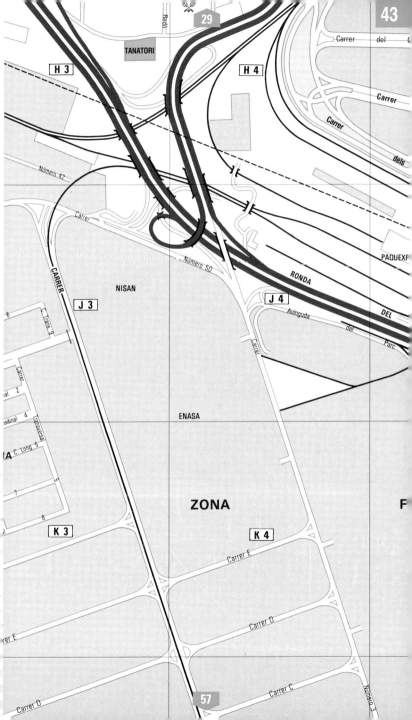

H 3

H 4

TANATORI

Carrer del

Carrer

Carrer

dels

Número 42

Carrer

PAQUEXF

Número 50

RONDA

CARRER

NISAN

DEL

J 3

J 4

Avinguda

del

Parc

6

C. Trans. 9

al 2

Carrer

udinal 4

[transversal]

Carrer

ENASA

A C. Long. 5

7

ZONA

F

8

K 3

K 4

Carrer E

rer E

Carrer D

Carrer D

Número 3

Carrer C

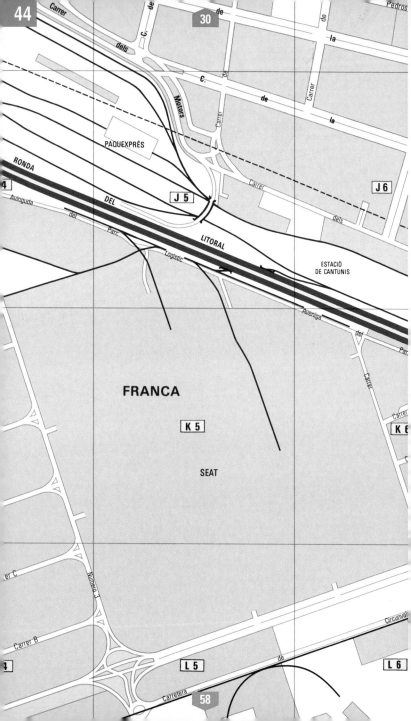

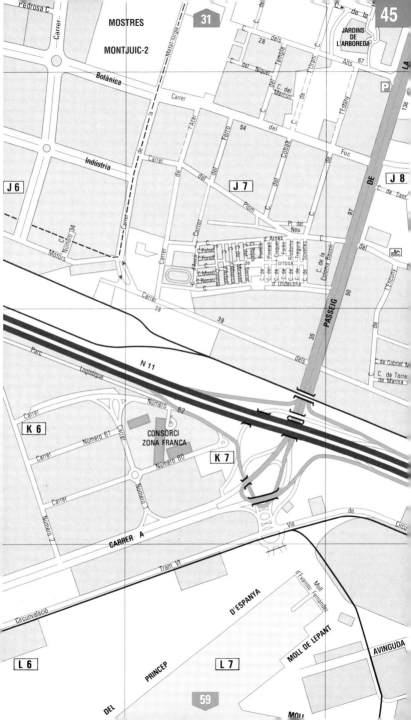

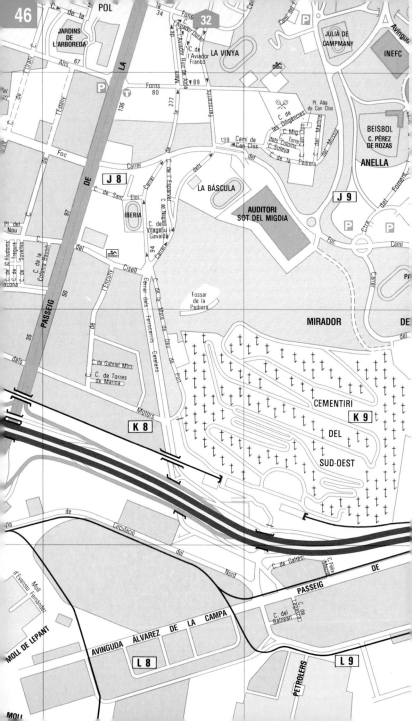

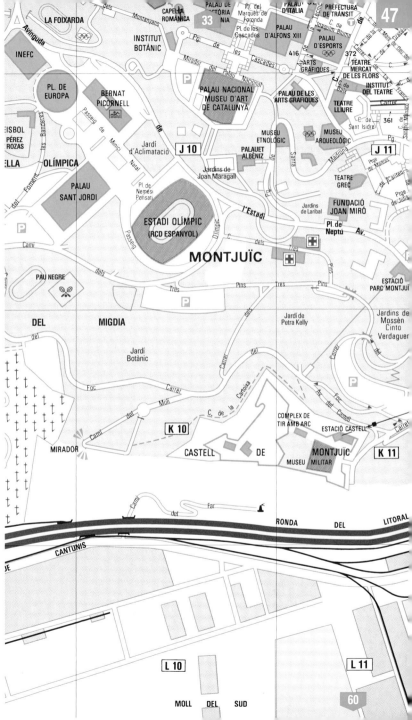

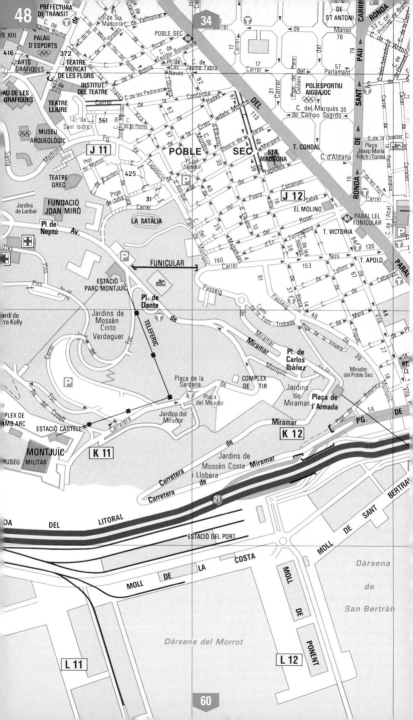

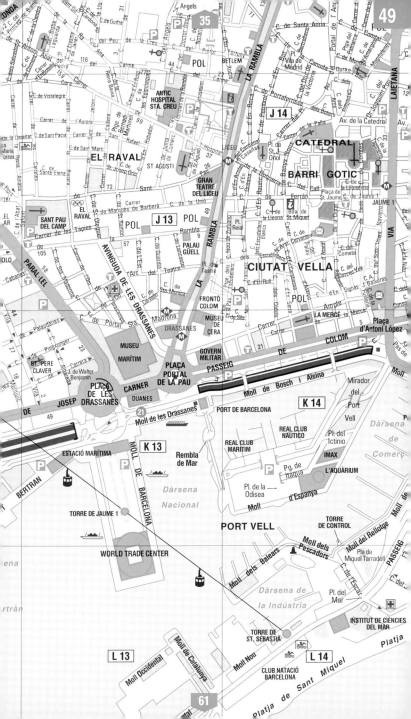

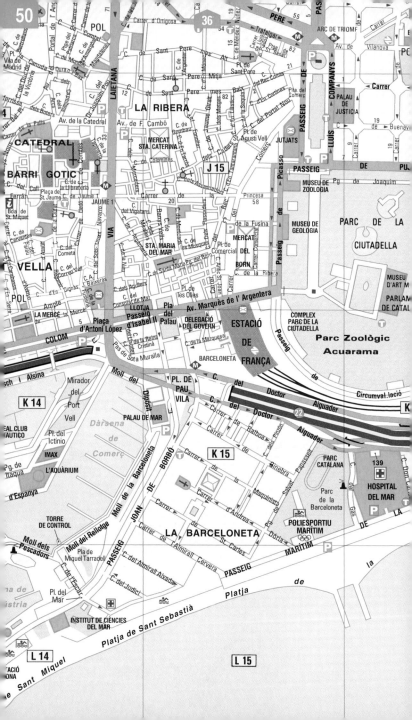

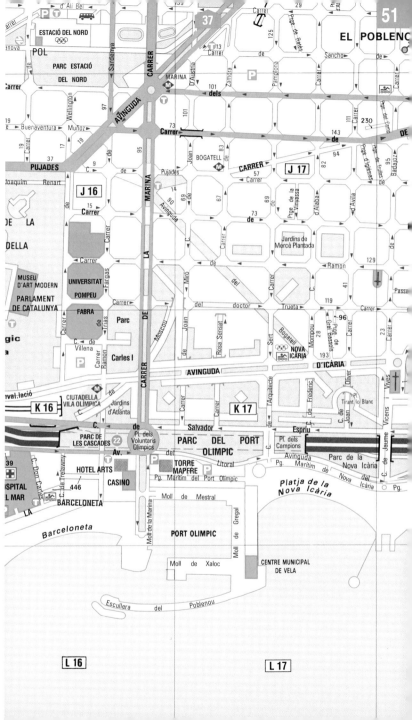

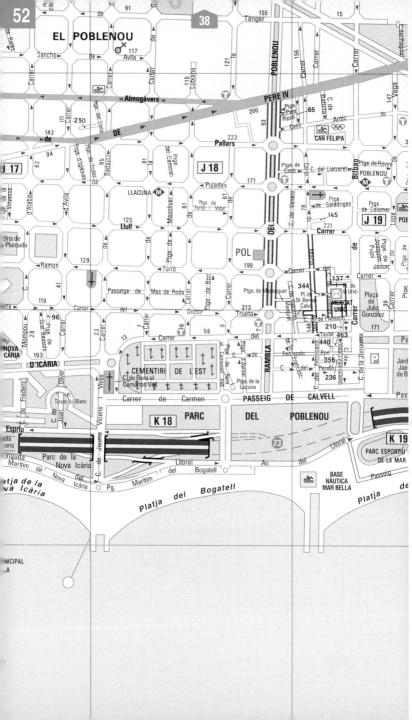

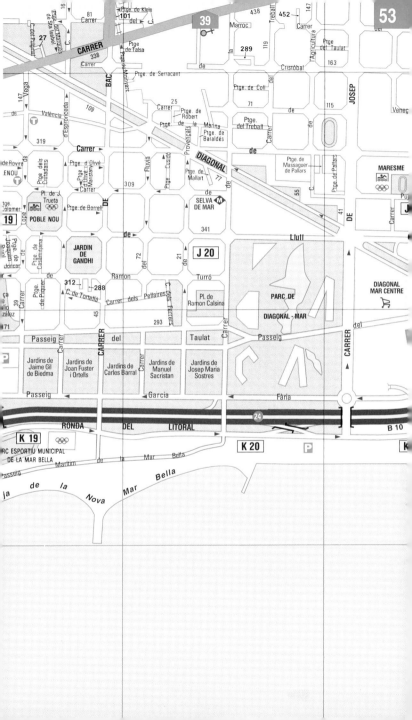

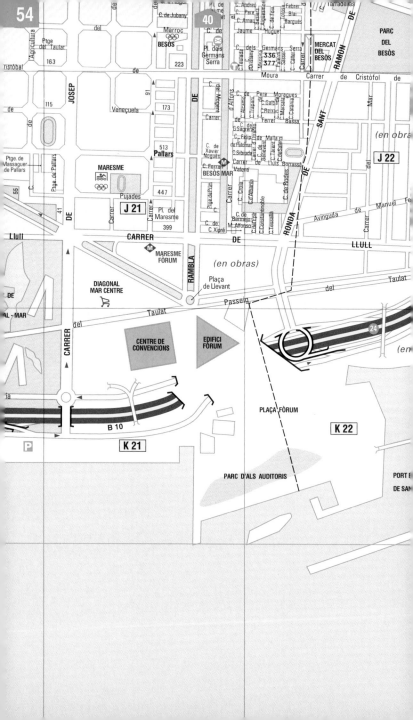

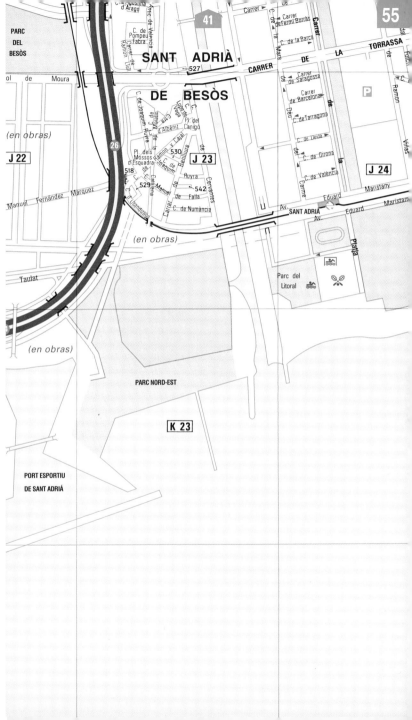

PARC
DEL
BESÒS

41

C. d'Agustina
d'Aragó

Carrer

C. de
Carrer
de Fermí Borràs

Carrer

C. de la Barca

C. de Pompeu Fabra

C. de València

Carrer Ramon Llull

TORRASSA

SANT   ADRIÀ

527

CARRER   DE   LA

DE

C. de Saragossa

Carrer
de Barcelona

DE   BESÒS

ol   de   Moura

C. de Tarragona

C. de Joaquim Ruyra

Josep M.
de Sagarra

C. d'Albéniz

Pl. del
Canigó

C. de Lleida

Ramon y Cajal

P

C. de Girona

(en obras)

26

Pl. dels
Mossos
d'Esquadra

530

J 23

de

C. de València

J 24

J 22

518

C. de Joaquim

C. de Balmira

Cervantes

529

C. de Manuel

Ruyra

542

Carmen

Manuel   Fernàndez   Marquez

Carrer

de   Falla

Av.

SANT ADRIA

Maristany

C. de Numància

Av.

Eduard

Maristany

Eduard

(en obras)

Taulat

Parc del
Litoral

Platja

(en obras)

PARC NORD-EST

K 23

PORT ESPORTIU
DE SANT ADRIÁ

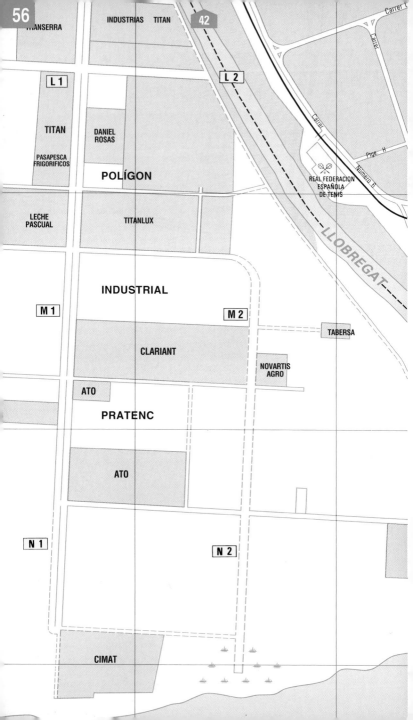

Carrer D

NUMERO 4

Carrer B

L 3

L 4

PEGASO

Carrer H

Número 5

CARRER A

Carrer Z

Ptge. de Moçambic

Ptge. de Yucatán

Ptge. de Bering

Carrer de l'Àrtic

Carrer

M 3

M 4

Carrer

Ptge. de la Martinica

Carrer de l'Atlàntic

Avinguda

Carrer

de

la

Ptge. de Malacca

Ptge. de Suez

dels

Carrer de l'Índic

Mar

Mar Groga

Roja

Carrer de l'Antàrtic

Ports

P

N 3

Ptge. dels Dardanels

Ptge. d'Aral

N 4

d'Europa

Ptge. d'Ormuz

Carrer B

4

L 5

L 6

Circunval

de

Carretera

MOLL DE L'OEST

AUTÒNOM

Carrer Z

Carrer

de

la

Mar

Grega

Suez

l'Indic

M 5

MOLL

de

M 6

rer de l'Antàrtic

Ptge. dels Dardanels

P

Ptge. d'Aral

d'Europa

N 4

N 5

N 6

Ptge. d'Ormuz

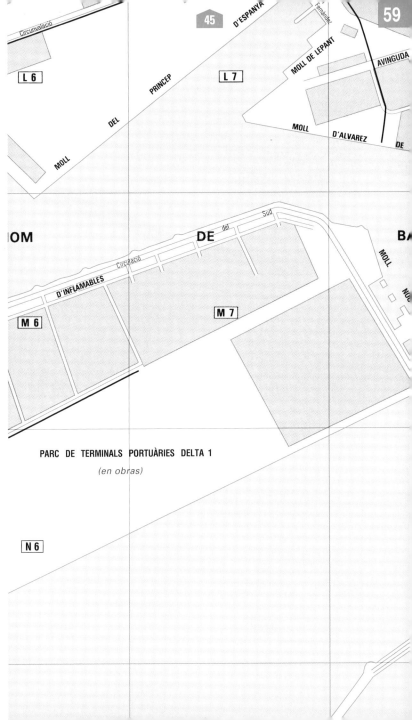

Circunvalació

D'ESPANYA

Fernández

L 6

PRINCEP

L 7

MOLL DE LEPANT

AVINGUDA

DEL

MOLL

MOLL

D'ALVAREZ

DE

OM

DE del

Sud

BA

MOLL

D'INFLAMABLES

Circulació

NUC

M 6

M 7

PARC DE TERMINALS PORTUÀRIES DELTA 1

(en obras)

N 6

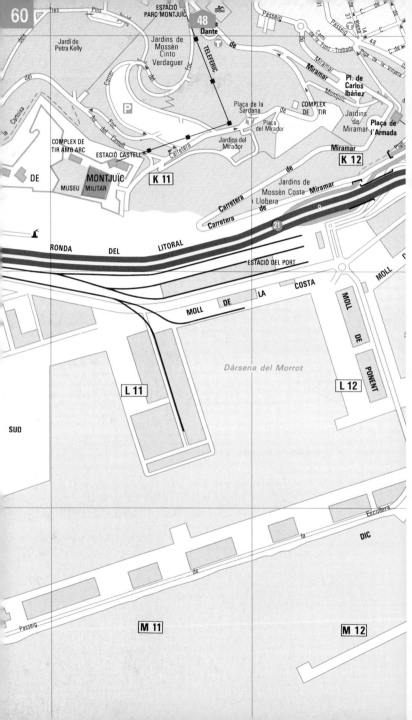

ESTACIÓ PARC MONTJUÏC

48 Dante

Jardí de Petra Kelly

Jardins de Mossèn Cinto Verdaguer

tres

Pins

dells

la Cartoixa

del

Carretera

Foc

del

Av. del Castell

P

COMPLEX DE TIR AMB ARC

DE

ESTACIÓ CASTELL

MUSEU MILITAR

MONTJUÏC

K 11

TELEFÈRIC

Plaça de la Sardana

COMPLEX DE TIR

Plaça del Mirador

T

Jardins del Mirador

Carretera

Passeig

de

Passeig

Camí de la Font - Trobada

Puig de la Vinyeta

Miramar

Pl. de Carlos Ibáñez

Monjuïc

Jardins de Miramar

Plaça de l'Armada

Puig

Miramar

K 12

Jardins de Mossèn Costa i Llobera

Carretera

de

Miramar

de

Carretera

de

21

RONDA DEL LITORAL

ESTACIÓ DEL PORT

MOLL

DE

MOLL DE LA COSTA

MOLL DE PONENT

L 11

L 12

Dàrsena del Morrot

SUD

Escullera

la

DIC

de

M 11

M 12

Passeig

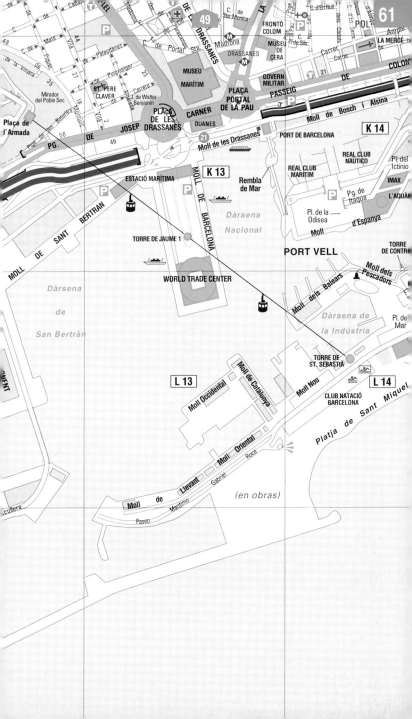

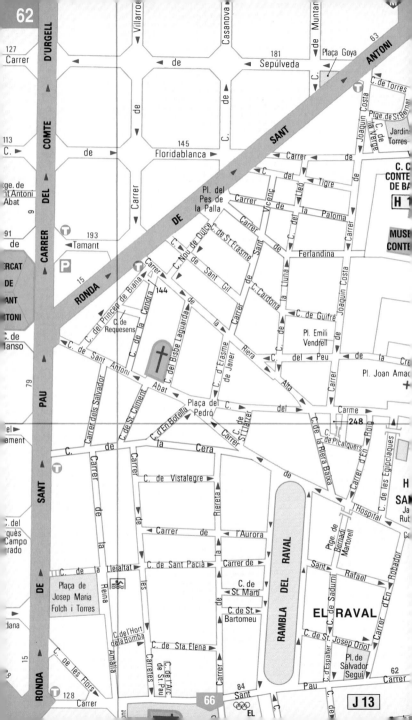

D'URGELL

COMTE DEL

CARRER

PAU

SANT

DE

RONDA

127
Carrer

113
C.

ge. de
t Antoni
Abat

91
de

RCAT
DE
ANT
TONI

C. de
anso

el
ament

C. del
qués
Campo
rado

ana

128
Carrer

9

193
Tamarit

15

RONDA

79

15

Villarro

de

de

de

Carrer

C. del Princep de Biana

C. de Sant Antoni

C. del St. Climent

C. dels Salvador

de

la

Carrer

de

la

C. de les Flors

Amalia

Casanova

de

de

de

C.

Carrer

C. de
Requesens

C. de
Cendra

Abat

C. de En Botella

de

Carrer

de

C. de l'Hort
de la Bomba

Carretes

de

de

Sepúlveda

181

Floridablanca

145

Pl. del
Pes de
la Palla

144

C. del Bisbe Laguarda

de

la

Plaça del
Pedró

la

C. de Vistalegre

Rlereta

Carrer

C. de Sant Pacià

Lleialtat

Reina

Plaça de
Josep Maria
Folch i Torres

C. de l'Arc
de St. Pau

C. de Sta. Elena

DE

SANT

C. Nou de Dulce

C. de St. Erasme

C. de St. Gil

C. Cardona

de

C. d'Erasme
de Janer

Riera

C.

Cera

de

de l'Aurora

Carrer de

C. de
St. Martí

C. de St.
Bartomeu

Carrer

84
Sant

66

EL

Carrer

Vicenç

de

de

C. de St. Llàzer

C.

C.

del

RAMBLA

DEL

RAVAL

de

Muntan

Plaça Goya

C. de Torres

Ptge. de St. Bern

Joaquin Costa

abla Arias

Jardir
Torres

Carrer

del

Tigre

de

la

Paloma

Ferlandina

Lluna

C. de Guifré

Pl. Emili
Vendrell

del Peu

Alta

del

C. de la Riera Baixa

Carme

248

de

l'Hospital

Ptge. de
Bernadi
Martorell

Sant Rafael

C. de Sadurn

C. d'En

EL RAVAL

C. de St. Josep Oriol

Pl. de
Salvador
Seguí

Pau

63

SANT

ANTONI

Joaquin Costa

Carrer

de la

Pl. Joan Ama

C. de les Espciaques

C. de la

T'Hospital

Robador

Carrer

62
Carrer

 SANT
Ja
Rub

Ca

H

C. C
CONTE
DE BA

H 1

MUSE
CONTE

Cre

C. de Picalquers

C. d'En Roig

C. de Picalquers

C. d'Espalter

J 13

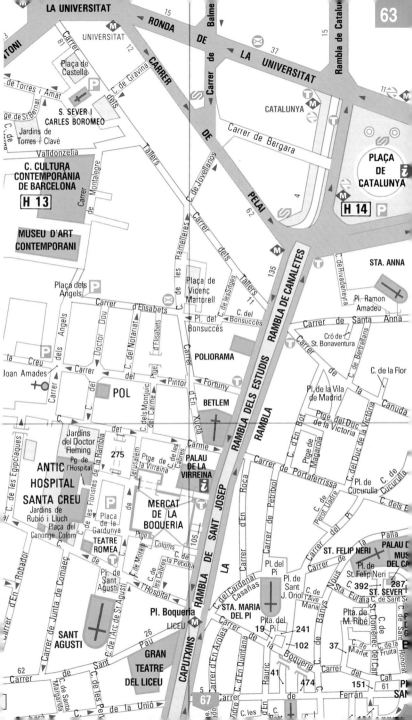

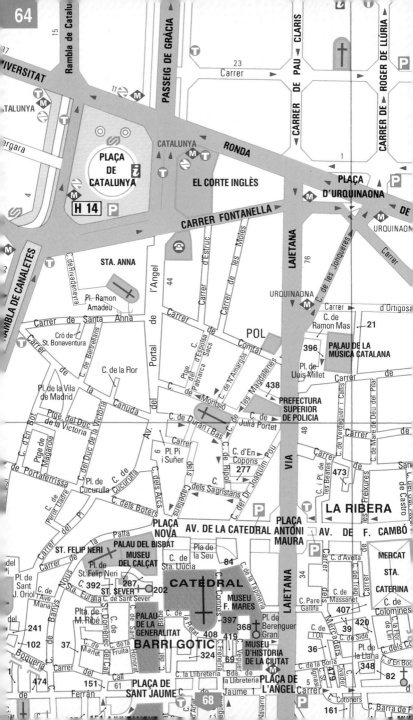

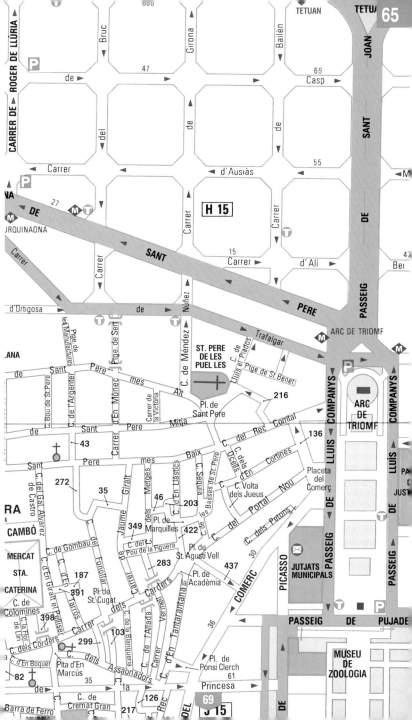

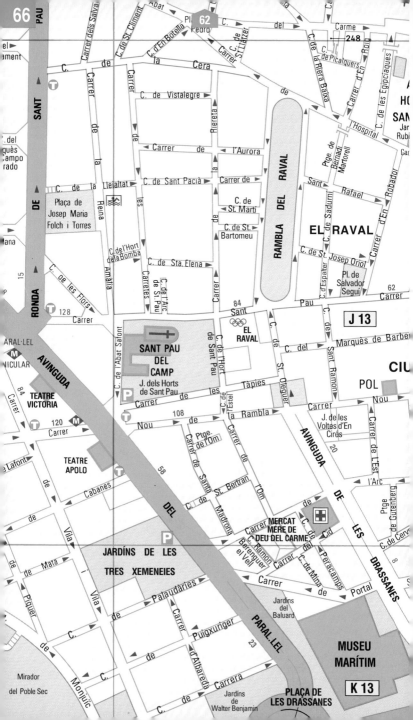

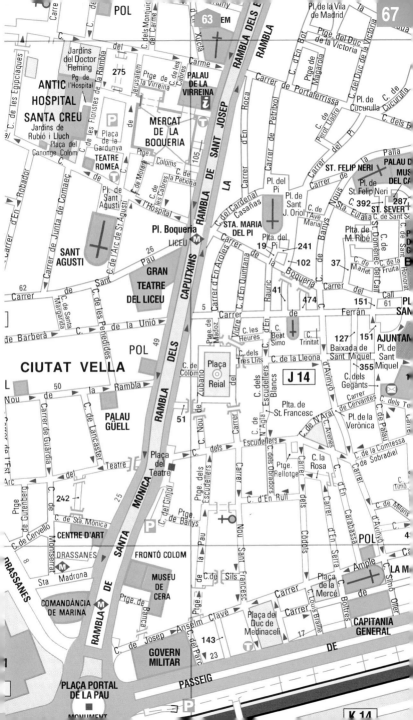

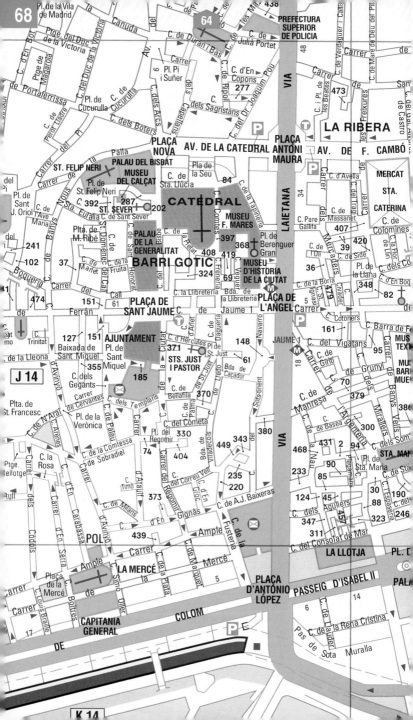

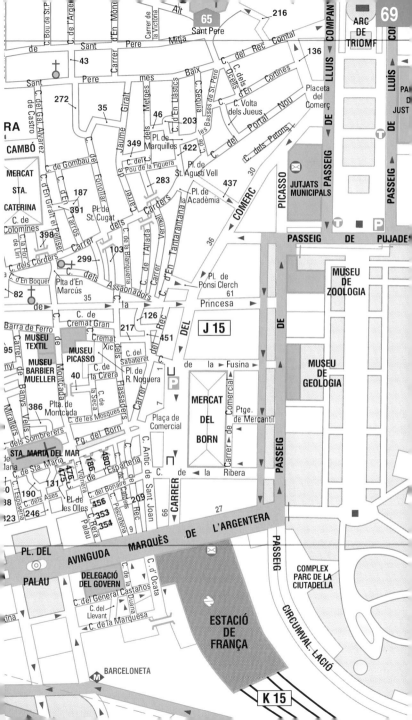

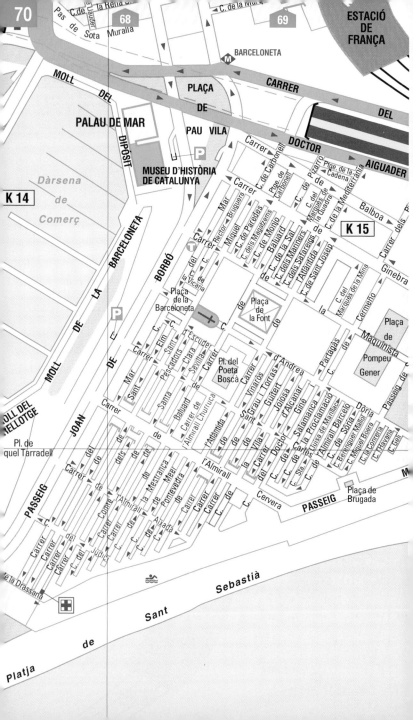

68

69

ESTACIÓ
DE
FRANÇA

C. de la Reina C.

Pas de Sota

C. de la M...

Muralla

M BARCELONETA

CARRER

MOLL

DEL

PLAÇA

DEL

PALAU DE MAR

DE

AIGUADER

PAU VILA

Carrer

DOCTOR

DIPÒSIT

MUSEU D'HISTÒRIA
DE CATALUNYA

Carrer

C. de Pizarro

Ptge. de la
Cadena

Dàrsena

Carrer

C. de Carbonell

Ptge. de
Carbonell

C. del

de

K 14

de

Carrer

Mar

Miquel

C. de Paredes

C. dels Maiaqtans

C. de Monjo

Baluard

C. dels Matareigs

C. dels Mannes

l'Atlàntida

C. de la Quadra

C. de la Mediterrània

Balboa

K 15

Carrer

dels

Comerç

Carrer

Rector

Briguera

C. de la Sal

C. de Sant JOSEP

Ginebra

BORBÓ

C. de
la Vicària

C. de

Plaça
de la
Barceloneta

Plaça
de
la Font

C. del
Marqués de la Mina

Cermeño

Plaça

de

Maquinista

Pompeu

Gener

C. de Sant Josep

de

BARCELONETA

P

LA

DE

MOLL

Carrer

Elm

Sant

d'Escudar

Carrer

Pl. del
Poeta
Bosca

d'Andrea

Partagàs

C.

Passeig

de

Carrer

Mar

Pescadors

Clara

Sevilla

Carrer

de

Vinaròs

Guiter

d'Alcanar

Giné

Sant

Santa

Baluart

Carrer de

Almirall Churruca

l'Atlàntida

Grau i Torras

Joosa

Salamanca

C.a La Proclamació

C. Luisa de Manliaç

d'Almirall Barceló

Dòria

C. de Sòria

C. Berenguer Mallol

C. Miquel Boera

C.C la Coreria

C.C Havana

C.C Geit

MOLL DEL
RELLOTGE

JOAN

Carrer

de

de

de

la

Sant

de

de

Vila

Doctor

C. de

C. de

Sta. Ca

Pl. de
quel Tarradell

Carrer

de

deis

dte

Carrer

de

la Mestrança

Meer

l'Almirall

C.

Carrer

Carrer

de

la

Carrer

l'Almirall

Cervera

Plaça de
Brugada

PASSEIG

C.

Come

l'Almirall

Pontevedra

Carrer

Anxada

PASSEIG

M

Carrer

Carrer

Carrer

de

del

Carrer

de la

Judici

C. de

la Drassana

Sebastià

Sant

de

Platja

de

LLEGENDA

Vies de comunicació

Autopista - Número de sortida
Doble calçada tipus autopista
Calçades separades
Via principal
Via en construcció
(si s'escau, data d'entrada en servei)
Calçada de viabilitat poc segura
Calçada per a vianants
Carrer amb viabilitat restringida
Carrer de direcció única
Carrer prohibit o impracticable
Escala - Viarany
Pas sota voltes - Túnel
Passarella - Pas subterrani per a vianants

Edificis

Edifici remarcable
Principals edificis públics
Església - Capella
Policia - Oficina de turisme
Hospital - Clínica
Mercat cobert
Oficina de Correus - Telèfon

Transports

Via fèrria
Funicular, Telefèric
Tramvia
Estacions: Metro, F.G.C., RENFE
Estació d'Autobusos
Parada de taxis - Pàrkings
Embarcador:
Línies marítimes - Passeig

Esports - Esbarjo

Estadi
Tennis - Gimnàstica
Piscina coberta, descoberta

Signes diversos

Zona industrial - Fàbrica
Monument - Font
Límit del municipi
Referència de la quadrícula
Numero d' immoble
Via esmentada en l'índex

SIGNOS CONVENCIONALES

Vías de circulación

Autopista - Número de salida
Autovía
Calzadas separadas
Arteria principal
Calle en construcción
(en su caso : fecha prevista de entrada en servicio)
Calle de circulación restringida
Calle peatonal
Calle reglamentada
Calle de sentido único
Calle prohibida, impracticable
Escalera - Sendero
Pasaje cubierto - Túnel
Pasarela - Paso peatonal subterráneo

Edificios

Edificio relevante
Principales edificios públicos
Iglesia - Capilla
Policía - Oficina de Información de Turismo
Hospital - Clínica
Mercado cubierto
Oficina de correos - Teléfonos

Transportes

Línea férrea
Funicular, Teleférico, telesilla
Tranvía
Estación: metro, F.G.C., RENFE
Estación de autobuses
Parada de taxis - Aparcamiento
Embarcadero:
Líneas maritimas - Paseo en barco

Deportes - Ocio

Estadio
Tenis - Gimnasio
Piscina cubierta, al aire libre

Signos diversos

Polígono industrial - Fábrica
Monumento - Fuente
Límite de municipio
Coordenadas del plano
Número del edificio
Calle citada en el índice

LÉGENDE

Voirie

Autoroute - Sortie numérotée
Double chaussée de type autoroutier
Chaussées séparées
Voie principale
Voie en construction
(le cas échéant: date de mise en service prévue)
Voie de viabilité incertaine
Rue piétonne
Rue réglementée
Rue à sens unique
Rue interdite ou impraticable
Escalier - Sentier
Passage sous voûte - Tunnel
Passerelle - Passage souterrain pour piétons

Bâtiments

Édifice remarquable
Principaux bâtiments publics
Église - Chapelle
Police - Office de tourisme
Hôpital - Clinique
Marché couvert
Bureau de poste - Téléphone

Transports

Voie ferrée
Funiculaire, téléphérique, télésiège
Tramway
Station: Métro, F.G.C., RENFE
Gare routière
Station de taxi - Parking
Embarcadère:
Liaison maritime - Promenade

Sports - Loisirs

Stade
Tennis - Gymnase
Piscine couverte, de plein air

Signes divers

Zone industrielle - Usine
Monument - Fontaine
Limite de municipalité
Repère du carroyage
Numéro d'immeuble
Voie dénommée dans le répertoire des rues

KEY

Roads

Motorway - Numbered interchanges
Dual carriageway with motorway characteristics
Dual carriageway
Main traffic artery
Street under construction
(when available : with scheduled opening date)
Street may not be suitable for traffic
Pedestrian street
Street subject to restrictions
One-way street
No entry or unsuitable for traffic
Steps - Footpath
Arch - Tunnel
Footbridge - Pedestrian subway

Buildings

Interesting building
Main public buildings
Church - Chapel
Police station - Tourist information centre
Hospital - Clinic
Covered market
Post office - Telephone

Transportation

Railway
Funicular, cable car, chairlift
Tramway
Station: underground, F.G.C., RENFE
Bus station
Taxi ranks - Car park
Landing stage:
Ferry lines - Excursions

Sport & Recreation Facilities

Stadium
Tennis courts - Gymnasium
Swimming pool outdoor, indoor

Other signs

Industrial site - Factory
Monument - Fountain
Municipal boundaries
Map grid references
House number in street
Street listed in index

ZEICHENERKLÄRUNG

Verkehrswege

Autobahn - Nr. der Ausfahrt
Schnellstraße mit getrennten Fahrbahnen
Getrennte Fahrbahnen
Hauptverkehrsstraße
Straße im Bau
(ggf. voraussichtliches Datum der Verkehrsfreigabe)
Straße nur bedingt befahrbar
Fußgängerstraße
Straße mit Verkehrsbeschränkungen
Einbahnstraße
Straße gesperrt oder nicht befahrbar
Treppenstraße - Pfad
Gewölbedurchgang - Tunnel
Steg - Fußgängerunterführung

Gebäude

Bemerkenswertes Gebäude
Öffentliche Gebäude
Kirche - Kapelle
Polizeirevier - Stadtinformation
Krankenhaus - Klinik
Markthalle
Postamt - Telefon

Öffentlicher Verkehr

Bahnlinie
Standseilbahn, Seilbahn, Sessellift
Straßenbahn
Bahnhof: U -Bahn-Station, F.G.C., RENFE
Autobusbahnhof
Taxistation - Parkplatz
Anlegestelle:
Schiffsverbindungen - Ausflugsschiffe

Sport - Freizeit

Stadion
Tennisplatz - Turn-, Sporthalle
Hallenbad - Freibad

Sonstige Zeichen

Industrie-oder Gewerbegebiet - Fabrik
Denkmal - Brunnen
Grenzen von Vorortgemeinden
Bezeichnung des Planquadrats
Hausnummer
Straßen Referenznummer (s.Straßenverzeichnis)

LEGENDA

Viabilità

Autostrada - Svincolo numerato
Doppia carreggiata di tipo autostradale
Carreggiate separate
Strada principale
Strada in costruzione
(data di apertura prevista)
Via dissestata
Strada pedonale
Via a circolazione regolamentata
Via a senso unico
Strada con divieto di accesso o impraticabile
Scalinata - Sentiero
Sottopassaggio - Galleria
Passerella - Passaggio pedonale sotterraneo

Edifici

Edificio di particolare interesse
Principali edifici pubblici
Chiesa - Cappella
Polizia - Ufficio Turistico
Ospedale - Clinica
Mercato coperto
Ufficio postale - Telefono

Trasporti

Ferrovia
Funicolare, funivia, seggiovia
Tramvia
Stazione: metropolitana, F.G.C., RENFE
Stazione per autobus
Posteggio taxi - Parcheggio
Imbarcadero:
Trasporto marittimo - Crociera

Sport - Divertimento

Stadio
Tennis - Palestra
Piscina coperta, all'aperto

Simboli vari

Area industriale - Fabbrica
Monumento - Fontana
Confine di comune
Riferimento alla pianta
Numero civico
Strada citata nell'indice delle vie

Abreviacions que s'utilitzen en la relació

Abreviaturas

Abréviations utilisées dans le répertoire

Abbreviations used in the index

Abkürzungen, die im Straßenverzeichnis verwendet werden

Abbreviazione utilizzate nell'indice

Av.	Avinguda	Pdis.	Passadis
Bda.	Baixada	Pg.	Passeig
C.	Carrer	Pl.	Plaça
Cint.	Cinturó	Plta.	Placeta
Cost.	Costa	Pta.	Puerta
Cró.	Carreró	Ptge.	Passatge
Ctra.	Carretera	Pza.	Plaza
Drec..	Drecera	Ra.	Riera
Esc.	Escales	Rbla	Rambla
Est.	Estació	Rda.	Ronda
G. via	Gran via	Sèq.	Sèquia
J.	Jardí	T.	Torrent
M.	Mercat	Trav.	Travessia
P.	Pasaje	Viad.	Viaducte
Pda.	Pujada		

Nom del carrer	Abaixadors C. dels	Nombre de la calle
Nom de la rue		Street
Straßenname		Nome della via
Remissió de les cordenades del pla al sector aumentat (N = Nord, S = Sud)		Coordenadas en el plano en el sector ampliado (N = Norte, S = Sur)
Renvoi au carroyage sur le plan, sur l'agrandissement (N = Nord, S = Sud)	J14, J15*S*	Map grid reference enlarged section grid reference (N = North, S = South)
Koordinatenangabe auf dem Plan, auf der Ausschittsvergrößerung (N = Nord, S = Süd)		Rinvio alle coordinate della pianta, sul settore ingrandito (N = Nord, S = Sud)
Carrer indicat amb un numero al pla (Vegeu index p. 123)		Calle localizada por un número en el plano (Ver índice p. 123)
Rue indiquée par un numéro sur le plan (Voir index spécifique p. 123)	= 25	Street indicated by a number on the plan (See index p. 123)
Straße, die im Plan durch eine Nummer bezeichnet ist (Siehe Register S. 123)		Strade contraddistinte da un numero sulla pianta (Vedere l'indice p. 123)

Nombre/Nom	Plano nº / Plànol nº / Cuadrícula / Coordenada
Abadessa Olzet C. de l'	5 B10-C10
Abaixadors C. dels = 2	68 J14-J15 S
Abat Escarré Pl. de	26 E21
Abat Odó C. de l'	26 E21
Abat Safont C. de l'	66 J12-J13
Abat Samsó C. de l'	6 C11
Abd el Kader C. d'	23 E17
Abdó Terradas C. d'	22 F15
Abella C. d' = 3	11 C19
Abrera C. d'	27 D24
Acàcies C. de les	25 E19
Acadèmia Pl. de l'	69 J15
Acer C. de l'	45 J7
Açores C. de les	25 F20
Adolf Florensa C. de l'	18 D9
Adrall C. d'	27 E23
Adrià Pl. d'	21 D13
Adrià Gual Av. de	8 B15
Adrià Margarit C. d'	7 B14
Afores C. dels	26 E21
Ager C. d' = 5	27 E23
Agla C. de N'	67 J14 S
Agramunt C. d'	22 D14-D15
Agregació C. de l'	24 E19
Agregació Ptge. de l'	24 E19
Agricultura C. de l'	53-39 K20-G20
Agudells C. dels	9 C17-C18
Agudes C. de les	13 A23-A24
Aguilar C. d'	24 D18-D19
Agullana C. d' = 7	11 C20
Agullers C. dels	68 J14-J15
Agustí i Milà C. d'	26 D22
Agustina Saragossa C. d'	20 E11
Aiguablava C. d'	12-13 C22-C23
Aiguafreda C. d'	10 C18
Aiguallonga C. d' = 8	4 C8
Aigües Camí de les	5 A10
Aigües Ctra. de les	4-8 B8-A15
Aigües Parc de les	23 E17
Aigüesmortes C. d'	40 H22
Ajuntament C. de l' = 9	26 E22
Alaba C. d'	51-37 J17-H17
Alacant C. d'	20-21 D12-D13
Alarcón C. d'	9 B17
Álavaro Cunqueiro Pl. d'	24 D19
Alba C. de l'	22 F15
Albacete C. d'	22 D15
Albània C. d'	54 J22
Albarca C. d'	45 J7
Albareda C. d'	61 K13
Albarrasí C. d' = 10	9 C17
Albert Badia i Mur Pl. d'	26 F21
Albert Bastardas Av. d'	4 C8-D8
Albert Llanas C. d'	23 D16-D17
Albert Pinyol Ptge. d'	20 F11

Nombre/Nom	 Plano nº / Plànol nº / Cuadrícula / Coordenada
Albet C. d' = 13	27 E23
Albi C. de l' = 14	27 E23
Albigesos C. dels	22 D15
Albiol C. de l' = 15	27 E23
Alcade Baró de Viver Pl. de l'	4 C7-C8
Alcalà de Guadaira C. d'	39 G20
Alcalde de Móstoles C. de l'	23 E16-E17
Alcalde de Zalamea C. de l'	23 D17-C17
Alcamo C. d'	54 J21
Alcanar C. d'	70 L15-K15
Alcàntara C. d'	12 B21
Alcoi C. d'	7 C13
Alcolea C. d'	33 F10
Alcúdia C. d'	11 C20-C21
Aldana C. d'	48 J12
Aldea C. de l' = 16	9 C16
Alegre C. de ca l'	8 C15-B15
Alegre de Dalt C. de ca l'	23 E16-D16
Alella C. d'	25 D20
Alexandre de Torrelles C. d'	23 D17
Alexandre Galí C. d'	25 E19
Alfambra C. de l'	4 C9-D9
Alfarràs C. d'	27 F23
Alfons XII C. d'	21 E13-E14
Alfons el Magnànim C. d'	54-40 J21-H21
Alfons el Savi Pl. d'	23 E16-E17
Alfonso Comín Pl. de	8 C14-C15 N
Alguer C. de l'	9 C17
Alhucemas C. d'	12 C22
Alí Bei C. d'	36-37 H15-H17
Alí Bei Ptge. d'	37 H17
Aliga C. de l'	33 G10
Alighieri C. d' = 17	10 C18
Alió Ptge. d'	22 F16
Allada C. de l'	69 J15
Alloza C. d'	25 D20
Almacelles C. d'	40 G21
Almagro C. d'	12 C21-B21
Almansa C. d'	12 C21-B21
Almassora C. d'	13 C24
Almenara Alta C. d'	38 G18
Almeria C. d'	33 G9-G10
Almirall Aixada C. de l'	70 L14-L15
Almirall Barceló C. de l'	70 L15-K15
Almirall Cervera C. de l'	70 K14-L15
Almirall Churruca C. de l'	70 K15
Almirall Okendo C. de l'	40 G22
Almirall Pròxida C. de l'	26 D22
Almogàvers C. dels	50-52 J15-J18
Aloi Ptge. d'	24 F19
Alonso Cano C. d'	12 C21
Alpens C. d'	33 G10
Alsàcia C. d'	11 C20
Alsina C. de N' = 19	67 J14 N
Alt C.	13 C24
Alt de Gironella C.	20 D11-D12

Alt de Mariner C. 10 **C18**
Alt de Mariner Ptge. = 20. ....10 **C18**
Alt de Pedrell C. 24 **D18-D19**
Alt del Turó Ptge. 24 **E18**
Alta de Can Clos Pl. 46 **J9**
Alta de les Roquetes Ctra. 11-12 **B19-A22**
Altafulla C. d' 33 **G9**
Alts Forns C. dels...........................45-46 **H7-J8**
Alvarado C. d' 12 **B22**
Álvarez de la Campa Av. 46 **L8**
Álvaro Cunqueiro Pl. d' 24 **D19**
Alzina C. d'..22 **E15**
Alzina Camí d' 41 **F23**
Alzinar Av. de l' 13 **A24**
Amadeu Vives C. d' = 21 ....64 **H15** *S*
Amargor C. de l' 38 **F19**
Amargòs C. de N' ....64 **H14** *S*
Amer C. d' = 22 ....11 **C20**
Amèrica C. d' 24 **F18-E18**
Ametllers C. dels 4 **B9**
Ametllers Ptge. dels.................................4 **B9**
Amich Pl. d' 6 **B11-C11**
Amics C. dels 25 **D19**
Amigó C. d' 21 **E13**
Amílcar C. d' 24-25 **E18-D19**
Amistat C. de l' 52 **K19**
Amnistia Internacional C. de l'...............32 **H8**
Amor C. de l' 9 **B17**
Ample C. 68 **K14-J14**
Amposta C. d' 33 **H10**
Amunt Pg. d' 23 **E16**
Andalet Pg. d' 9 **C17-C18**
Andalusia C. d' 32 **G9**
Andalusia Ptge. d' 32 **G9**
Andana de l'Estació C. de l'..............26-27 **E22-D23**
Andorra C. d' = 24 ....26 **D21**
Andrade C. d'....................................38-40 **H19-H22**
Andratx C. d'...25 **D20**
Andrea Dòria C. d' 70 **K15**
Andreu Febrer C. d' 40 **H21-H22**
Andreu Nin Pg. d' 26 **D21**
Andreví Ptge. d' = 25 ....24 **F18**
Andròmeda C. d' 12 **C21**
Aneto C. d' 11 **C20**
Àngel C. de l' 21 **E14**
Àngel Pas de l' = 26 ....21 **E14**
Àngel Pl. de l' 68 **J14**
Àngel Baixeras C. d' ....68 **J14** *S*
Àngel Guimerà C. d' 20 **D12**
Àngel Marquès C. d' 9 **A17**
Àngel Pestaña Pl. d' 12 **C21**
Àngels C. dels ....63 **H13** *S*
Àngels Camí dels 9 **C16**
Àngels Pl. dels 63 **H13**
Àngels Garriga C. 40 **G22-H22**
Angle Ptge. de l' = 27 ....39 **H19**
Anglesola C. d' 20 **E11**
Anglesola Ptge. d' 38 **G18**
Anglí C. d' 6 **B12-C12**
Animes Cró de les = 29 ....18 **F9**
Anisadeta C. de l' = 30 ....68 **J15** *S*

Anna Frank Pl. d' 22 **E14**
Anna Piferrer C. d' 8 **B15-C15**
Aníbal C. d' 48 **J11**
Anselm Turmeda C. d' 26 **D21**
Antàrtic C. de 57 **N4**
Antequera C. d' 23 **D16**
Antic de Bofarull C. de 38 **G18**
Antic de Sant Iscle Camí 11 **B20-A21**
Antic de Sant Joan C.............................69 **J15** *S*
Antic de Sant Llàtzer Camí ....11 **B20** *N*
Antic de València Camí = 31 ....48 **J11**
Antic de València Camí 52-53 **J18-J20**
Antic del Guinardó C. = 32 ....24 **E18**
Antiga d'Horta Ctra. 36 **H16**
Antiga d'Horta a Cerdanyola Ctra. 12 **A22-B22**
Antilles C. de les 25 **E20-F20**
Antoni Costa C. d' 25 **E20**
Antoni de Capmany C. de 32-33 **F9-G8**
Antoni Gassol Ptge. d' 39 **G19**
Antóni López Pl. d' 68 **K14**
Antóni Maura Pl. d' 68 **J14**
Antoni Pérez i Moya Pl. d' 33 **G10**
Antoni Puigvert J. d' 23 **F16**
Antonio Machado C. d' 11 **B20-B21**
Antonio Ricardos C. d' 25 **F20**
Apel Fenosa C. d' 22-36 **F14**
Apel.les Mestres C. d'..............................8 **B15**
Aragó C. d' 34-38 **G11-G19**
Aragó Ptge. d' 35 **G13**
Arai C. de N' ....67 **J14** *S*
Aral Ptge d' 57 **N4**
Arbeca C. d' 27 **F23-F24**
Arbolí C. d' 45 **J7**
Arboreda J. de l' 32 **H8**
Arbós C. d' 9 **C17-D17**
Arbúcies C. d' 26 **D21**
Arc de Sant Agustí C. de l' 67 **J13**
Arc de Sant Cristòfol C. de l' = 35 ....69 **J15** *N*
Arc de Sant Martí C. de l' 24 **E18-D19**
Arc de Sant Martí Ptge. de l' 24 **D19**
Arc de Sant Onofre C. de l' = 36 ....68 **J14** *N*
Arc de Sant Pau C. de l' 21 **J13**
Arc de Sant Ramon del Call C. de l' = 37..67 **J14** *N*
Arc de Sant Sever C. de l' 38 **G18**
Arc de Sant Silvestre C. de l' = 39 ....68 **J14-J15** *N*
Arc de Sant Vicenç C. de l' = 40 ....69 **J15** *S*
Arc de Santa Eulalia C. de l' = 41 ....67 **J14** *N*
Arc del Mercat C. de l'...........................26 **E21**
Arc del Teatre C. de l' ....66-67 **J13** *S*
Arcadia Ptge. d'....................................21 **F13-F14**
Arcs C. dels..68 **J14** *N*
Ardena C. d' 4 **C8-C9**
Ardèvol C. d' 27 **F23**
Arenes C. de les ....67 **J14** *S*
Arenes de Sant Pere C. de les = 43 ....69 **J15** *N*
Arenes dels Canvis C. de les = 45 ....68 **J14** *S*
Arenys C. d' 9 **B16**
Arenys Ptge. d' 9 **B16**
Argençola C. dels 12 **B21**
Argenter C. de l' 65 **J15-H15**
Argentera C. de l' 8 **C15-D15**

Nombre/Nom	Plano nº	Plànol nº	Cuadrícula Coordenada
Argenteria C. de l'	68		J14-J15
Argentona C. d'	22		E16
Argimon C. d'	10		C18
Argullós C. d'	12		C22
Argullós Ptge. d'	12		C21-C22
Aribau C. d'	35		H13-E13
Arimon C. d'	21		D13
Ariosto C. d'	8		B16
Aristides Maillol C. d'	18		E9
Aritjols C. dels	12		C22
Arizala C. d'	18		E9-F9
Arlet C. d'	68		J14 S
Armada Pl. de l'	60		K12
Armengol C. d' = 46	69		J15 N
Arnau C. d'	25		D19
Arnau Bargués C. d'	40		H21-H22
Arnau d'Oms C. d'	25		D20
Arnes C. d'	45		J7
Arnús i de Gari C. d'	4-5		B9
Aro C. d'	13		C23
Aroles C. d' en	67		J14
Arquímedes C. d'	26		D22
Arquitecte Martorell C. de l'	9		A17
Arquitecte Mas C. de l' = 47	6		C11
Arquitecte Millàs Ptge. de l'	25		D20
Arquitecte Moragas C.	10		A18-B17
Arquitecte Sert C. de l'	51		K17
Arquitectura C. de l'	9		A17
Arriassa Ptge. d'	40		G21
Art C. de l'	24		E18-E19
Artà C. d'	12		C21-D21
Artemis Ptge. d'	24		F19
Artesa de Segre C. d'	7		C13-D13
Artesania C. de l'	12		C21-B22
Àrtic C. de l'	57		M3-M4
Artós Pl. d'	20		D11
Artur Martorell Pl. d'	40		H21
Ascó C. d'	45		J7
Ases C. dels	69		J15
Assaonadors C. dels	69		J15
Assemblea de Catalunya Pl. de l' = 49	25		F20
Assutzena C. de l'	8		B15
Astor C. de l' = 50	27		D24
Astúries C. d'	22		E14-E15
Ataülf C. d'	68		J14
Atenes C. d'	21		D13-D14
Atlanta J. d'	51		K16
Atlàntic C. d'	57		M3-M4
Atlàntida C. de l'	70		L15-K15
Auger C. d'	40		H21
August Font C. d'	8		B15
Augusta Via	6-21		A12-F14
Augustina Saragossa C. d'	20		E11
Augusto Cesar Sandino C. d'	27		E23
Aulèstia i Pijoan C. d'	21		E14
Aurora C. de l'	66		J13 N
Ausiàs Marc C. d'	36-37		H14-H17
Ausona C. d'	13		C24
Autonomia C. de l'	33		F10-G10
Ave Maria C. de l'	67		J14
Avellà C. d'	68		J14-J15
Avenir C. de l'	21		E13
Aviació C. de l'	20		E11
Aviador Duran C. de l'	32		H8
Aviador Franco C. de l'	32		H8
Aviador Ruiz de Alda C. de l'	32		H8-J8
Avila C. d'	51-37		K17-H17
Avinyó C. d'	67		J14 S
Avinyonet C. d'	13		B23
Avió Plus Ultra C. de l'	6		C11
Avis Plta. dels	12		C21
Aymà Ptge. d'	52		K18

B

Nombre/Nom	Plano nº	Plànol nº	Cuadrícula Coordenada
Bac de Roda C. de	53-39		K19-G19
Bacardi C. de	18		F8-F9
Bacardí J. de	18		E9
Bacardí Pl. de	10		C19
Bacardí Ptge. de = 51	67		J13-J14 S
Badajoz C. de	52-38		K18-H18
Badal C. de	32		F9-G8
Badal Ptge. de	32		F9
Badalona C. de	19		F10
Badia C. de	22		E15
Badosa C. de	12		C21-C22
Bagà C. de = 52	27		D24
Bailèn C. de	36		H15-F15
Baix C. de	48		J11
Baix de Mariner C. de	10		C18
Baix del Turó Ptge. de = 53	24		E18
Baixeres C. de	13		C23
Balboa C. de	70		K15
Balcells C. de	23		E16
Baldiri Reixac C. de	18		D9
Baldomer Girona C. de	9		A16
Balears C. de les	8		C15
Balears Moll de les	61		L14
Balenyà C. de	13		B23-B24
Baliarda C. de	26		D21-D22
Baliarda Ptge. de = 55	26		D22
Balira C. de	26		D22
Ballester C. de	22		D14-D15
Ballot C. de	12		B22
Balmes C. de	35-7		H14-C14
Balneari C. de	46		L9
Balsareny C. de	7		B13
Baltasar Gracian C. de	12		C21-D21
Baltasar Samper C. de	26		D21
Baluard C. del	70		L14-K15

Nombre/Nom	Plano n°	Plànol n°	Cuadrícula Coordenada
Banca Ptge. de la	67		K13
Banyoles C. de	22		F15
Banys Ptge. de	67		J13-J14
Banys Nous C. de	67		J14
Banys Vells C. de	68		J15
Baraldés Ptge. de	53		J20
Barcelona Moll de	61		K13-L13
Barceloneta Moll de la	70		K14-K15
Barceloneta Parc de la	50		K15-K16
Barceloneta Pl. de la	70		K15
Bàrcino Via de	13		C24
Bargalló C. del = 56	27		D24
Barnola C. de = 57	27		F23
Barnola Ptge. de	20		E11-F11
Baró de Griño Ptge. del	33		G9-G10
Baró de la Barre C. del	8		C15
Baró de Sant Lluís C. del	23		E17-D17
Baró D'Esponellà C. de	25		D19
Barra de Ferro C. de la	68-69		J15
Barri Vermell C. de	27		F23
Bartomeu Pi C. de	32-33		G9
Bartrina C. de	26		D22
Bascònia C. de	26		D21
Basea C. de	68		J14 S
Bassegoda C. de	18		F8-F9
Bassella C. de	27		F23
Basses de la Peira Pl. de les	11		C19
Basses de Sant Pere C. de les	69		J15
Basses d'Horta C. de	9		B16-B17
Bassols C. de	38		G18
Bateries Ptge de les	61		K12
Batet C. de	9		C16
Batista C. de	52		J19
Batista i Roca C.	20		E11
Batlló Ptge. de	34		F12
Batllori C. de	12		C21
Beat Almató C. del	8-9		C15-C16
Beat Domènec Savio C. del = 58	27		D24
Beat Simó C. del	67		J14 S
Beates C. de les	68		J14 N
Beates Pl. de les	68		J14 N
Beatriu C. de	10		C18
Bederrida Parc	18		D9
Beethoven C. de	20		E12
Begònia C. de la	33		H10
Begur C. de	32		F9
Béjar C. de	33		G10-G11
Belianes Pl. de	20		D11
Bellafila C. de	68		J14
Bellavista Pl. de	5		A11
Bellcaire C. de	11		C19-C20
Bellesguard C. de	7		B13
Bellmunt C. de	27		F23
Bellprat C. de	13		B23-A23
Bellver C. de	22		E15
Beltran i Rózpide C. de	19		D10
Benavent C. de	18		E9
Benedetti C. de	6-7		B12-B13
Benet Mateu C. de	20		D11
Benet Mercadé C. de	21		E14
Benet XV Pl. de	6		B12
Benevent C. de	54		J22
Benlliure C. de	9		A17
Berenguer de Palou C. de	25		F20-F21
Berenguer Mallol C. de	70		L15-K15
Beret C. de	11		C19
Berga C. de	21		E14
Bergara C. de	63		H14
Bergnes de las Casas C. de	23		F17
Berguedà C. del	20		E11
Bering Ptge. de	57		M4
Berlín C. de	19-20		F10-F11
Berlinès C. del	21		D13
Bermejo C. de	54		J21-J22
Berna C. de	21		D14
Bernadí Martorell Ptge. de	66		J13 N
Bernat Bransi C. de	9		C17
Bernat Desclot C. de	40		H21-H22
Bernat Fenollar Pg. = 59	24		E19
Bernat Martorell C. de	40		H21-H22
Bernat Metge C. de	40		H22
Berruguete C. de	10		A18-B18
Bertran C. de	7		D14-C14
Bertrand i Serra C. de	7		C12-C13
Bertrellans C. de	63		H14 S
Besalú C. de	38		F18-F19
Besiers C. de	40		H22
Besòs C. de	9		B16-C16
Betània C. de	8		B15
Béthencour C. de = 60	19		F10
Betlem C. de	22		E15
Bigai C. de	7		C13
Bigai Ptge. de	7		C13
Bilbao C. de	52-38		K19-G19
Binefar C. de	40		G21-G22
Biosca C. de	27		F23
Bisbal C. de la	24		E18
Bisbe C. de	68		J14 N
Bisbe Caçador C. del = 61	68		J14 S
Bisbe Català C. del	5		C10
Bisbe Laguarda C. del	62		H13 S
Bisbe Sivilla C. del	7		C13
Biscaia C. de	25-39		F19-G19
Bismarck C. de	23		D17-E17
Bismarck Ptge. de	23		D17
Biure C. de = 62	11		C19
Blada Ptge. de	5		B10
Blai C. de	48		J12
Blanca Ra.	18		E8-E9
Blanca Selva i Henry J. de	20		D11
Blanco C. d'En	33		F9
Blanes Bda. de	22		D15
Blanqueria C. de la	69		J15
Blasco de Garay C. de	48		J11-J12
Blesa C. de	48		J12
Boada C. de	12		C21
Bòbila C. de la	34		H11-J11
Bocabella Ptge. de	36		H16
Bofarull C. dels	38-39		G19-F19
Bofarull Ptge. de	39		F20
Bofill Ptge. de	37		G16-G17
Bogatell Av. del	51		J16-K17
Bolívar C. de	22		D15

Nombre/Nom	Plano nº	Plànol nº	Cuadrícula	Coordenada
Bolívia C. de	37-40			H17-H21
Boltres C. d'En	67			K14 N
Bon Pastor C. del	21			F13
Bonaire C. del	69			J15 S
Bonanova Pg. de la	6-7			C12-C13
Bonanova Pl. de la	7			C13
Bonaplata C. de	6			C11
Bonaventura Pollés C. de	32			G9
Bonavista C. de	22			F14-F15
Bonavista Ptge. de	6			A12
Boné Ptge. de	23			E17
Bonet i Muixí Pl. de	33			G9-G10
Bonsoms C. de	18			F8
Bonsuccés C. del	63			H14
Bonsuccés Pl. del	63			H14
Bonveí C. de	18			F8-F9
Boquer C. d'En	69			J15 N
Boqueria C. de la	63			J14
Borbó Av. de	25			D19
Bordeta Ctra. de la	33			G10-H10
Bordeus C. de	20			E12-F12
Bordils C. de = 63	11			C20
Borges Blanques C. de les	12			C22
Borgonya C. de	11			C20
Bori Ptge. de	52			J18
Bori i Fontestà C. de	20			E12
Bòria C. de la	68			J14 N
Born Pg. del	69			J15 S
Borràs C. de	12			C21
Borràs Pl. de	6			B11-B12
Borredà C. de	27			D24
Borrell Ptge. de	53			J19
Borrell i Soler C. de	5			C10
Borriana C. de	26			E21
Bosc C. del	6			A12
Bosch C. de	21			F14
Bosch i Alsina C. de	7			B14
Bosch i Alsina Moll de	49			K14
Bosch i Gimpera C. de	5			C10
Bosch i Labrús Ptge. de = 65	52			J19
Bosquet del Encants Parc del	37			H17
Boston Pl. de	21			D13
Bot C. d'En	63			J14-H14
Botella C. d'En	62			J13-H13
Boters C. dels	68			J14 N
Botticelli Pl. de	10			B18
Bou de Sant Pere C. del	65			H15 S
Bràfim C. de	25			D19 S
Bragança C. = 66	9			B17
Brasil Rbla del	18-19			F9
Breda C. de	20			F11
Bretón de los Herreros C. de	21			E14
Briquets C. de	12			B22
Briz Bda. de	22			D15
Broca C. de = 67	27			D24
Brocaters C. dels = 69	68			J14 N
Brosolí C. del = 70	68			J14-J15 S
Brossa C. de	25			D20
Bruc C. del	36			H15-F15
Brugada Pl. de	70			L15
Bruguera C. de	11			C19
Brull C. del	13			A23
Brull Ptge. del	13			A23
Bruniquer C. de	22			E15-E16
Brusi C. de	21			E13-D14
Brussel.les C. de	24			E18
Buenaventura Muñoz C. de	50-51			J15-J16
Buenos Aires C. de	20-21			F12-F13
Buïgas C. de	20			D11-D12
Bunyola C. de	11			C20-C21
Burgos C. de	32			G9
Buscarons C. de	21			D13-C14
Buxó C. de	5			B9-B10

C

Nombre/Nom	Plano nº	Plànol nº	Cuadrícula	Coordenada
Ca N'Oliva C. de	40			H21-G21
Ca N'Oliva Ptge. de	40			G21
Caba Ptge. de	20			F11
Caballero C. de	19			F10-F11
Cabanelles C. de	11			C19
Cabanes C. de	48			J12
Cabanyal C. del	38			G18
Cabestany C. de	20			E11
Cabrera C. de	26			D21
Cabres C. de les	67			J13 N
Caçador Bda. de	68			J14 S
Caçador Rbla. del	11			B20-C21
Càceres C. de	18			F9
Cadaqués C. de	18			F9
Cadena Camí de la	32			G9
Cadena Ptge. de la	70			K15 N
Cadernera Ptge. de la = 71	23			D17
Cadí C. del	11			C19-C20
Cadis C. de	21			D14
Cai Celi C. de	33			G10-G11
Caire C. el	7			C14
Caixa d'Estalvis Ptge. de la	24			F18
Calàbria C. de	34			H12-F12
Calaf C. de	21			E13
Calafell Ptge. de = 73	9			C17
Calàndries C. de les	6			C11
Calatrava C. de	6			D12-C12
Calderón de la Barca C. de	9			D17-C17
Calders C. de	69			J15 S
Calella C. de = 74	68			J14 S
Calendau C. de = 75	22			D15-C15
Cal'Isidret Camí de	40			H21
Call C. del	67			J14
Callao C. del	33			G10

Nombre/Nom	Plano n°	Plànol n°	Cuadrícula	Coordenada
Càller C. de			40	H22
Calonge C. de = 76			27	D24
Calvell Pg. de			52	K18-K19
Calvet C. de			21	E13
Calvó Pl. de			7	B13
Camarasa C. de			27	F23
Cambrils C. de			8	C15
Camèlies C. de les			23	E16-E17
Camèlies Ptge. de les			23	E16
Camil Fabra C. de			26	E21
Camil Oliveras C. de			24	D18
Camil Oliveras Ptge. de = 79			23	E16
Caminal Ptge. del			52	J18
Camós C. de			11	C19
Camp C. del			21	D13-C13
Camp Pl. del			21	D13
Camp Ptge. del			52	J18
Camp Arriassa C. del			40	G21
Camp de Sarrià Jardins del			20	D11-D12
Camp del Ferro C. del			26	F21
Camp d'En Vidal C. del			21	E13
Campana de la Maquinista C. de la			27	E23
Campeny C. de			26	D22
Campins C. de			27	D24
Campions Pl. del			51	K17
Campo Florido C. de			25	E19-F19
Campoamor C. de			10	B18
Campreciós C. de			12	B22
Camprodon C. de			22	F15
Camps Elisis Ptge. dels			36	G14
Camps i Fabrés C. de			21	E14
Can Baro Av. de			23	D17
Can Baro Pl. de			23	D17
Can Batllori J. de			20	E11
Can Borni Camí de			7	A14
Can Brasó J. de			9	B17
Can Bruixa C. de			19	E10
Can Caralleu C. de			6	B11
Can Clos C. de			46	J9
Can Clos Camí de			46	J8-J9
Can Corrada T. de			10	B18
Can Ensenya Pl. de			11	C20
Can Fabra Pl. de			26	E22
Can Galta Cremat Pl. de			26	D22
Can Mantega J. de			19	F10
Can Marcet Av. de			10	A18-B18
Can Mariner C. de			10	C19
Can Mateu Bda. de			10	C18
Can Móra C. de			5	B10-B11
Can Móra Camí de			9	C16-D16
Can Pujolet C. de			24	D18-C18
Can Rabia C. de			20	D12-E12
Can Robacols Pl. de = 80			38	G18
Can Roca Camí de			18	E8
Can Rosés Pl. de			20	E11
Can Sabaté Parc de			32	H8
Can Senillosa J. de			5-6	C11-D11
Can Toda Ra. de			23	D16
Can Travi C. de			10	B18
Can Verdura Ptge. de			25	E19
Can Xirot C. de			23	D16-D17
Canaan C. de			8	B15
Canadell Ptge. de			37	F17
Canalejas C. de			32	F8-F9
Canàries C. de les			6	B12-C12
Cançó C. de la			9	A17
Candeles C. de les = 82			68	J15 N
Cànen C. de			40	F22
Canet C. de			6	C11
Canet Ptge. de			6	C11
Canfalgàs C. de			4	B9-C9
Canfranc C. de			11	C19
Canigó C. del			10-11	B19-C19
Canó C. del			22	F15-E15
Canonge Almera C. del			24	D18-C18
Canonge Colom Pl. del			67	J13 N
Canonge Cuffi Pg. del = 83			23	F17
Canonge Pibernat C. del			18	F9
Canonge Rodó Pl. del			38	G18
Canonja Bda. de la = 84			68	J14 N
Canovelles C. de			9	A16
Cànoves C. de			8	A16
Cantàbria C. de			40	H21-G21
Cantera C. de la			12	B22
Cantí Ptge. de			52	J18-J19
Cantunis Pg. de			46-47	L9
Canuda C. de la			64	H14
Canvis Nous C. dels = 85			68	J14 S
Canvis Vells C. dels = 88			68	J15 S
Canyameres C. de			12	C21-C22
Canyelles C. de = 89			6	C11
Cap de Guaita C. del			33	G10
Cap del Món C. del = 90			68	J14 S
Capçanes C. de			13	B23
Capcir C. del			9	B17
Capdevila Ptge. de = 91			10	C18
Capella C. de			24	F18-F19
Capella de Can Caralleu C. de la			5	B10
Capellades C. de			8	B15-C16
Capellans C. dels			68	J14 N
Capità Arenas C. del			19	D10-D11
Caponata C. dels			6	C11
Capsec C.			11	C19 N
Caputxes C. de les = 94			68	J15 S
Caputxins Ptge. dels			36	F15
Caputxins Rbla. dels			67	J13-J14
Carabassa C. d'En			67	J14-K14
Caracas C. de			27	E23-E24
Carassa C. de la = 95			68	J15 S
Caravel.la Niña C. de la			20	D11-E11
Caravel.la Pinta C. de la			20	E11
Carbonell C. de			70	K15
Carbonell Ptge. de			70	K15
Carcassona C. de			40	H22
Card Cicognani Pl. de			25	E20
Cardedeu C. de			8	C15-C16
Cardedeu Ptge. de			8	C15
Cardenal Casañas C. del			67	J14
Cardenal Cisneros C. del			26	D21
Cardenal Reig C. del			18	E8
Cardenal Sentmenat C. del			6	C11
Cardenal Tedeschini C. de			25	E20

Nombre/Nom	Plano nº	Plànol nº	Cuadrícula Coordenada

Cardenal Vidal i Barraquer Av. del	10	**B17-B18**
Cardenal Vives i Tutó C. del	5	**C10-C11**
Cardener C. de	22	**E15-E16**
Carders C. dels	69	**J15** N
Cardó C. de	33	**F9**
Cardona C. de	62	**H13** S
Cardona Pl. de	21	**E13**
Caresmar C. de	27	**F23**
Cariteo C. de	48	**J11**
Carles Buïgas Pl. de	33	**H10**
Carles Pirozzini C. de	8	**B14-B15**
Carles Riba C. de	7	**B13**
Carles III G. Via de	19	**D11-E10**
Carlit J. del	36	**G16**
Carlos Ibàñez Pl. de	60	**K12**
Carlota de Mena Ptge. de = 96	51	**K17**
Carme C. del	62-63	**H13-J14**
Carme Pl. del	20	**E11-E12**
Carme Karr C. de	6	**C11**
Carmel Ctra. del	23	**D16-D17**
Carmel Rbla. del	10	**C17-C18**
Carmen Tórtola Valencia Pl. de	5	**C11**
Carolines C. de les	21	**E14**
Carolines Cró. de les = 97	21	**E14**
Carrasco i Formiguera C. de	6	**B12-C12**
Carrencà C. de	20	**D12**
Carrera C. de	61	**K13**
Carreras C. de	4	**C9**
Carreras Ptge. de	13	**B24**
Carreras i Candi C. de	18-32	**F8-F9**
Carretes C. de les	66	**J13**
Carril Pl. del	20	**D12**
Carroç C. de	6	**A11**
Carsí Ptge. de	37	**F17**
Cartagena C. de	37-23	**H17-E17**
Cartago C. de = 100	8	**C15**
Cartellà C. de	10	**C19-D19**
Cartoixa C. de la	47	**K10**
Casa Llarga Ptge. de	40	**G21**
Casablanca Ptge. de	9	**C16**
Casals C. de	12	**C21**
Casals i Cuberó C. de	12	**C21**
Casamitjana Ptge. de	53	**J19**
Casanova C. de	35	**H13-F13**
Casanovas Pg.	23	**F17**
Casas i Amigó C. de	25	**D20**
Casas i Jover Ptge. de = 101	39	**H19**
Cascades P. de les	51	**K16**
Cascades Pg. de les	33	**H10**
Cascades Pl. de les	33	**H10**
Cases Boada C. de les	24	**F19**
Casp C. de	36-37	**H14-H17**
Castanyer C. de	7	**C13-C14**
Castanyers Pg. dels	10	**A18**
Castanys C. de	52	**J19-K19**
Castell Av. del	60	**K11**
Castell d'Argençola C. del	12-13	**A22-A23**
Castell d'Olorde C. del	4	**B9**
Castella C. de	38	**J19-H19**
Castella Pl. de	63	**H13** N
Castellbell C. de	26	**E21-D21**

Castellbisbal C. de	9	**B16-C16**
Castelldefels C. de	13	**B22-B23**
Castellet C. de	5	**B10-C10**
Castellfollit C. de	13	**A23**
Castellnou C. de	20	**D11**
Castelló C. de	21	**D13**
Castelló Pl. de	21	**D13**
Castells C. de	20	**E11-F11**
Castells Ptge. de	20	**E11-F11**
Castelltercol C. de	8	**C15-C16**
Castellví C. de	12	**A22**
Casteràs C. de	18	**F9**
Castillejos C. de los	37-23	**H17-E17**
Castor C. de	12	**C21-B21**
Catalana Pl. de	24	**E18**
Catalunya Moll de	61	**L13**
Catalunya Pl. de	64	**H14**
Catalunya Ptge. de	24	**F18**
Catalunya Rbla. de	35	**H14-F14**
Catània C. de	54	**J22**
Catasús C. de	12	**C22**
Catedral Av. de la	68	**J14**
Caterina Albert J. de	37	**F16**
Cavallers C. dels	4-5	**C9-C10**
Cecs de la Boqueria C. dels = 102	67	**J14** N
Cecs de Sant Cugat C. dels = 103	69	**J15** N
Celrà C. de = 106	11	**C20**
Cementiri de Sant Gervasi Camí del	7	**B13**
Cementiri de Sarrià Camí del	6	**C12**
Cementiri d'Horta Pl. del	11	**A19**
Cendra C. de la	62	**H13** S
Centelles Ptge. de	37	**G17**
Central Pl. de la	7	**B14**
Centre C. del	24	**E18-E19**
Centre Pl. del	19	**F10**
Centre de Mercè Gonzaga C. del = 107	27	**D24**
Cep C. del	25	**E20**
Cera C. de la	62	**J12-J13**
Ceràmica C. de	9	**A17**
Cerdà C. de = 108	26	**E21-E22**
Cerdanyola C. de	19	**F9-F10**
Cerignola C. de	21	**D13**
Cermeño C. de	70	**K15**
Cervantes C. de	67	**J14** S
Cervantes J. de	4	**C8**
Cervelló C. de	67	**J13** S
Cervera C. de	26	**E22-E21**
Cèsar August Torras C. de	6	**A11**
Cesare Cantù C. de	8	**B15**
Ceuta C. de	9	**C16**
Ceuta Ptge. de	9	**C16**
Chafarinas C. de Las	12-13	**C22-C23**
Chapí C. de	10	**B18-C19**
Chapí Ptge. de	10	**C19**
Charlie Rivel Pl.	12	**B21**
Chopin C. de	33	**H10**
Ciceró C. de = 109	33	**F10-G10**
Cid C. del	66	**K13-J13**
Ciències C. de les	10	**C18**
Cienfuegos C. de	25	**E20**
Cifuentes C. de	9	**C17**

Nombre/Nom	Plano nº	Plànol nº	Cuadrícula Coordenada
Cigne C. de	21		E14
Cinc Torres Ptge. de	20		E12
Cinca C. del	26		D22-E22
Circulació del Nord Via de	58-46		L5-L8
Circulació del Sur Via de	58-59		M5-M7
Circumval.lació C. de	6		B12
Circumval.lació Pg. de	50-51		J15-K16
Cirera C. de la	69		J15 S
Cirerers C. dels	5		B9
Cirici Pellicer Pl. de	5		C10-C11
Cisell C. del	46		J7-J8
Cisquer C. de	45		J7
Cistellet C. del	11		C19
Císter C. del	7		C14-B14
Ciudad Real C. de	22		F15-E15
Ciutadans Ptge. dels	53		J19
Ciutadella C. de = 112	10		B18
Ciutadella Parc de la	50-51		J15-J16
Ciutadella Pl. de	10		B18
Ciutat C. de la	68		J14
Ciutat d'Asunción C. de la	27		E23
Ciutat de Balaguer C. de la	7		D13-C13
Ciutat de Granada C. de la	52-38		K18-H18
Ciutat de Mallorca Pg. de la	25		D20
Ciutat de Mallorca Ptge. de la = 113	25		D20
Ciutat d'Elx C. de la	25		F20
Civader C. del	68		J14
Clarà C. de = 114	27		D24
Clarà Ayats C. de	9		A17
Clara Campoamor J. de	19		E10-E11
Claramunt C. de	27		F23
Claravall C. de	7		B14
Clariana C. de	27		D24
Claudi Güell Pg. de	19		D10
Claudi Sabadell C. de	8		C14-C15
Clavell C. de	22		D16
Clementina Arderiu Pl. de	40		H22
Clip Ptge. de	23		F17
Clos de Sant Francesc C. del	6		C11
Clot C. del	38-39		G18-F20
Clot de la Mel Parc	39		G19
Clota Pl. de la	9		B17
Clotés C. de = 115	8		C15
Clotilde Cerda J. de	37		G16 S
Cobalt C. del	45		J7
Còdols C. dels	67		J14-K14
Coello Ptge. de	25		F20
Coïmbra C. de	10		B18
Coll C. de	25		F20
Coll Ptge. de	53		J20
Coll del Portell Av. del	22		D15-C16
Coll del Portell Pas del	22		D15
Coll del Portell Ptge. del = 118	22		G16
Coll Finestrelles Pl. del	4		B8
Coll i Alentorn C. de	8		B16
Coll i Vehí C. de	38		F18-F19
Collbató C. de	27		D24
Collblanc C. de	17-18		D7-E8
Collcerola C. de	8		B14-B15
Collegats C. de	26		E21
Colom C. de	67		J13-J14
Colom Pg. de	67-68		K13-K14
Colòmbia C. de	26		D22
Colomer Ptge. de	52		J19
Colomines C. de	68-69		J15
Coloms Ptge. dels	67		J13 N
Colònia C. de	26		E21
Colonia Bausili C. de la	45		J7-J8
Comalada C. de	24		D19
Comandant Benítez C. del	19		E9
Comas Pl. de	19		E10
Comas d'Argemí Ptge. de = 119	24		D19
Comas i Solà C. de	19		D10
Combinació Bda. de la = 120	10		C18-C19
Comerç C. del	69		J15
Comerç Pl. del	26		E21-E21
Comerç Plta. del	69		J15 N
Comercial C. de	69		J15 S
Comercial Pl. del	69		J15 S
Cometa C. de	68		J14
Companyia Ptge. de la	24		F19
Comtal C. de	64		H14 S
Comte Borrell C. del	48-20		J12-F12
Comte de Güell C. del	18		E9
Comte de Noroña C. del	8		B15
Comte de Salvatierra C. del	21		F14
Comte de Santa Clara C. del	70		L14-K15
Comte de Sert C. del	8		B14
Comte de Sert Pl. del	8		B14
Comte d'Urgell C. del	34-20		H12-F12
Comte Tallaferro C. del = 121	26		D21
Comtes C. dels	68		J14 N
Comtes de Bell lloc C. dels	19		F10
Comtessa de Pardo Bazán C. de la	25		E20
Comtessa de Sobradiel C. de la	67		J14 S
Conca C. de	24		F18
Conca de Tremp C. de	9		D17-C17
Concepció Ptge. de la	35		F14
Concepción Arenal C. de	26		F19-D21
Concili de Trento C. del	38-40		G19-H22
Concòrdia C. de	48		J11-J12
Concòrdia Pl. de la	20		E11
Conesa C. de	45		J7
Confiança C. de la	13		C23
Conflent C. del	12		C21
Congost C. del	22		E15
Congrés C. del	11		B19-C19
Congrés Eucarístic Pl. del	25		E20
Conrad Xalabarder C. de	5		B10
Conradí Ptge. de	37		F16
Conreria C. de la	70		L15-K15
Consell de Cent C. del	33-38		G10-G18
Consell de la Vila Pl. del	6		C11
Consellers C. dels = 124	68		J14 S
Consolat de Mar C. del	68		J14-J15
Consorts Sans Bernet C. dels	10		B18-C18
Constança C. de	20		E11
Constància Ptge. de la = 125	24		F19
Constantinoble C. de	54		J22
Constel·lacions Pl. de les	38		H18
Constitució C. de la	32		G8-G9
Contradic Moll del	60		L11
Conveni C. del	12		C22
Conxita Badia Pl. de	40		G22

Nombre/Nom	Plano nº	Plànol nº	Cuadrícula Coordenada
Conxita Supervia C. de	19	**E9**	
Copèrnic C. de	21	**D12-D14**	
Copons C. d'En	68	**J14** *N*	
Corçà C. de	8	**B15**	
Corders C. dels	69	**J15** *N*	
Còrdova C. de = 130	26	**D22**	
Corint C. de	21	**D13-D14**	
Cornet i Mas C. de	6	**C11**	
Cornudella C. de	11	**C19**	
Coroleu C. de	26	**D21-E21**	
Coronel Monasterio C. del	27	**D23**	
Coronel Sanfeliu C. del	38	**G18-H18**	
Corral C. del	32	**G9**	
Corretger C. del = 126	69	**J15** *S*	
Correu Vell C. del	68	**J14** *S*	
Còrsega C. de	20-24	**F11-F18**	
Còrsega Ptge. de	38	**F18**	
Cortada C. dels	9	**B16-B17**	
Cortines C. d'En	69	**J15** *N*	
Cortit C. de	25	**F20**	
Corts C. de les	19	**E10**	
Corts Parc de les	20	**E11**	
Corts Trav. de les	18-20	**E8-E12**	
Corts Trv. de les	18	**E8**	
Corts Catalanes G. Via de les	32-40	**G8-H22**	
La Corunya C. de	38	**G18**	
Costa C. de la	22	**D15-C15**	
Costa J. de la	8	**C15** *S*	
Costa Moll de la	60	**L11-L12**	
Costa Ptge. de la	23	**F17**	
Costa Ptge. de la	22	**D15**	
Costa Brava C. de	27	**F23-E23**	
Costa Daurada C. de la	27	**E23**	
Costa i Cuxart C. de	25	**D19**	
Costa Pacheco C. de	8	**A16**	
Costabona C. de	13	**A24**	
Cotoners C. dels	68	**J14-J15**	
Craywinckel C. de	7	**C14**	
Crèdit Ptge. del = 127	67	**J14** *S*	
Crehuet C. de	10	**C18**	
Cremat Gran C. de	69	**J15** *S*	
Cremat Xic C. de	69	**J15** *S*	
Cresques C. de	27	**F23**	
Cretes C. de	27	**F23**	
Creu Coberta C. de la	33	**G10-G11**	
Creu de Magoria Plta de la	20	**E12**	
Creu dels Molers C. de la	48	**J11-J12**	
Creueta de Coll Parc de la	8-9	**C16**	
Crisantem C. del	33	**H10**	
Cristóbal de Moura C. de	38-40	**H19-J22**	
Croia C. de	54	**J21**	
Cros C. de	33	**G10**	
Cuba C. de	26	**E21**	
Cubelles C. de	25	**D19**	
Cucurulla C. de	67	**J14** *N*	
Cucurulla Pl. de	67	**J14** *N*	
Cultura Pl. de la	40	**G21-H21**	
Curt C. de	10	**B18**	
Cusidó Ptge. de	53	**J20**	
Cuyàs C. de	33	**G10**	
Cuzco C. de	27	**E23-E24**	

D

Nombre/Nom	Plano nº	Plànol nº	Cuadrícula Coordenada
Dagueria C. de la	68	**J14** *S*	
Dàlia C. de la	33	**H10**	
Dalmàcia C. de	6	**C11**	
Dalmases C. de	6-7	**C12-C13**	
Dalmau C. de	33	**G9**	
Dalmau de Creixell C. de	24	**D19**	
Dalt Trav. de	22-23	**D15-E16**	
Dalt Trav. vella de	23	**E16**	
Dames C. de les = 131	69	**J15** *S*	
Damià Forment C. de = 132	9	**C16**	
Dansa C. de la	9	**A17**	
Dante Pl. de	48	**J11**	
Dante Alighieri C. de	10	**C17-C18**	
Danubi C. del	18	**E8**	
Daoiz i Velarde C. de	32	**F9**	
Dàrdanels Ptge dels	57	**N4**	
Darnius C. de	11	**C19**	
Das C. de	25	**D19**	
Daurada C. de	27	**E23**	
Davallada Gallecs C. de = 133	24	**D19**	
Davant del Portal Nou C. del = 136	69	**J15** *N*	
Degà Bahí C. del	38	**G18-G19**	
Degollada C. de = 137	52	**J19**	
Deià C. de	25	**C20-D20**	
Demestre C. de	6	**C12**	
Democràcia C. de la	38	**G19-H19**	
Demòstenes C. de	19	**F9-F10**	
Dénia C. de	21	**E13-E14**	
Deputation C. de la	33	**G11**	
Descans C. del	24	**D18**	
Descartes C. de	21	**D13**	
Desert C. del	6	**B11**	
Desfar C. de	25	**D20**	
Déu i Mata C. de	20	**E11-E12**	
Diagonal Av. de	4-54	**C8-J21**	
Diamant Pl. del	22	**E15**	
Diana C. de = 138	11	**C19**	
Diligències C. de les	46	**J9**	
Diluvi C. del	22	**F14-F15**	
Dipòsit Moll del	70	**K14-K15**	
Dipòsit Ptge. del	23	**D17**	
Diputació C. de la	34-37	**G11-G17**	
Doctor Aiguader C. del	70	**K15-K16**	
Doctor Andreu Pl. del	7	**B14**	
Doctor August Pi i Sunyer C. del	19	**D10**	

Nombre/Nom	Plano n°	Plànol n°	Cuadrícula Coordenada

Doctor Balari i Jovany C. del 26 **E22**
Doctor Bové C. del 23 **D17-D18**
Doctor Cadevall C. del 24 **E17-E18**
Doctor Carach Mauri Pl. del 26 **F21**
Doctor Carulla C. del 6 **C12**
Doctor Castelló J. del 20 **E11-E12**
Doctor Castelló J. del 21 **D13**
Doctor Coll C. del 24 **D18**
Doctor Dou C. del ....63 **H13** S
Doctor Farreras i Valentí
   C. del 5 **C10-C11**
Doctor Ferran C. del 19 **D10**
Doctor Ferrer i Cajigal Pl. del 35 **F13**
Doctor Fleming C. del 20 **D12-E12**
Doctor Fleming J. del ....67 **J13** N
Doctor Francesc Darder
   C. del 5 **C10-C11**
Doctor Giné i Partagàs C. del 70 **L15-K15**
Doctor Gómez Ulla C. del 20 **E11**
Doctor Ibañez C. del 20 **E11**
Doctor Ignasi Barraquer Pl. del 20 **E12**
Doctor Joaquim Albarrán C. del 4 **B9-C9**
Doctor Joaquím Pou C. del 68 **J14**
Doctor Letamendi C. del 10-11 **B19-B20**
Doctor Letamendi Pl. del 35 **G13**
Doctor Letamendi Ptge. de......................11 **B20**
Doctor Marañón Av. del 18 **D8-D9**
Doctor Modrego Pl. del..........................25 **E19-E20**
Doctor Nubiola i Espinós C. del 19 **E10**
Doctor Pi i Molist C. del 25-11 **D20-C20**
Doctor Pi i Molist Ptge. del 25 **D20**
Doctor Pons i Freixas
   Pl. del = 139 ....50 **K16**
Doctor Ribas i Perdigó C. del 7 **B14**
Doctor Rizal C. del 21 **F14**
Doctor Roig i Raventós J. de 6 **C12**
Doctor Roux C. del 6-20 **C12-D12**
Doctor Salvador Cardenal
   C. del 19 **D10**
Doctor Samuel Hahnemann
   J. del 20 **E12**

Doctor Santponç C. del...........................26 **E21**
Doctor Serrat Pl. del 38 **G18**
Doctor Torent Ptge. del......................38-39 **F19**
Doctor Torres Ptge. del 25 **F20**
Doctor Trueta C. del 51-52 **J16-K18**
Doctor Valls C. del 24 **E19**
Doctor Zamenhof C. del 39 **G20**
Doctors Dolsa C. dels 19 **E10**
Doctors Trias i Pujol C. dels 19 **D10**
Dolça de Provença C............................40 **G21**
Dolors Monserdà C. de............................6 **C11-C12**
Domènech C. de 22 **F14**
Domènech i Montaner
   C. de = 142 ....9 **A17**
Domingo Ptge. de.................................35 **G14**
Domínguez i Miralles C. de......................5 **C11**
Dominics C. dels 7 **C14-B14**
Don Carles C..51 **K16**
Dormitori de Sant Francesc
   Ptge. del = 143 ....67 **K14** N
Dorotea Chopitea J. de 20 **D11**
Dos de Maig C. del 37 **G17-F17**
Dos de Maig Ptge. del 24 **F18**
Dragó C. del 26 **D22**
Drassana C. de la 70 **L14**
Drassanes Av. de les 66 **J13-K13**
Drassanes Moll de 61 **K13**
Drassanes Pl. de les 49 **K13**
Duana C. de la ....69 **K15** N
Dublín C. de 25 **E20-E21**
Dubte C. del = 144 ....62 **H13** S
Duc de la Victòria C. del 67 **J14-H14**
Duc de la Victòria Ptge. del....................64 **H14-J14**
Duc de Medinaceli Pl. del ....67 **K14** N
Duero C. del 10 **C19**
Dulcet C. de 5 **C9-C10**
Duoda C. de 40 **G21-H21**
Duquessa d'Orleans C. de la 6 **C11**
Duran i Bas C. de 64 **H14-J14**
Duran i Borrell C. de 9 **C16**

E

Ebre C. de l' = 145 ....52 **J19**
Edison C. d' 38 **G19-H19**
Eduard Conde C. de 5 **C10-D10**
Eduard Toda C. d' 10 **B19**
Eduard Toldrà C. d' 4 **C9**
Eduard Torroja Pl. d' 39 **G20-H20**
Eduard Tubau C. d' 12 **C21**
Egipcíaques C. de les.............................66 **J13-H13**
Eguilaz Pl. d' 20 **D11-D12**
Eivissa Pl. d' 10 **C18**
Eiximenis C. d'......................................26 **D22**

Elies Pagès Av. d' 9 **A16**
Elisa C. d' 21 **D14**
Elisabets C. d' ....63 **H13** S
Elisabets Ptge. d' 63 **H13**
Elisard Sala J. de 20 **F11**
Elisi C. de l' 33 **G11**
Elkano C. d' 48 **J12**
Elx J. d' 25 **F20**
Emancipació C. de l' 6-7 **C12-C13**
Emèrita Augusta C. d'............................18 **E9**
Emili Roca C. d' 25 **D20**

Nombre/Nom	Plano nº/Plànol nº	Cuadrícula Coordenada

Emili Vendrell Pl. d' ....62 **H13** *S*
Emili Vilanova Pl. d' = 148 ....68 **J14** *S*
Emmaüs C. 9 **B16**
Empordà C. de l' 40 **G22**
Empúries C. d' 12 **C22**
Enamorats C. dels 37-38 **G17-G18**
Encarnació C. de l' 22-23 **E15-E16**
Encarnació Pas de l' = 149 ....23 **E16**
Encarnació Pdís de l' = 150 ....23 **E16**
Encarnació Ptge. de l' 23 **E16**
Enclusa C. de l' 32 **H8**
Encuny C. de l' 46 **J8-K8**
Energia C. de l' 31 **H7-H8**
Enginyeria C. de l' 8 **B14**
Enric Bargés C. d' 33 **F11**
Enric Casanovas C. d' 12 **C21-C22**
Enric Clarassó C. d' 8 **B15**
Enric Giménez C. d' 5 **C10-C11**
Enric Granados C. d' 35 **G13-F13**
Enric Morera C. d' 20 **D11**
Enric Sanchis Pg. d' 27 **F23**
Enric Sanchis Ptge. d' 27 **F23**
Ensenyança C. de l' = 151 ....67 **J14** *S*
Ensenyança Ptge. de l' 10 **B18**
Entença C. d' 34-20 **H11-E12**
Epir C. de l' 54 **J22**
Equador C. de l' 20 **E11-F11**
Erasme de Janer C. d' ....62 **H13** *S*
Ercilla C. d' 24 **E18**
Ercilla Ptge. d' 24 **E18**
Ermengarda C. d' 33 **G10**
Escala C. de l' = 154............................11 **C20**
Escales de Can Caralleu C. 5 **A11-B11**
Escar C. de l' 49 **L14**
Escipió C. d' 21 **D14-D15**
Escòcia C. d' 25 **D20-E20**
Escòcia Ptge. d' = 155 ....25 **E20**
Escolapi Càncer Av. d' 13 **B22-A23**
Escoles C. de les 38 **G18**
Escoles Ptge. de les 36 **G15**
Escoles Pies C. de les 6 **D12-B12**
Escorial C. de l' 22 **E16**
Escornalbou C. d'..................................24 **F18-E18**
Escudellers C. dels 67 **J13-J14**
Escudellers Ptge. dels 67 **J14**
Escudellers Blancs C. dels 67 **J14**
Escuder C. d' 70 **K15**
Escuder Ra. d' 19 **F9**
Escullera Pg. de la 60-61 **M10-L13**
Escultor Canet C. de l' 18 **F8-F9**
Escultor Llimona C. de l' 24 **D19**
Escultor Ordóñez C. de l'...................11-12 **D20-C21**
Escultor Ramir Rocamora
  Pl. de l' 4-5 **B9**
Escultors Claperós C. dels 38 **G18-H18**
Escultura C. de l' = 156 ....9 **A17**
Església C. de l' = 160 ....22 **E15**
Església Camí de l' = 157 ....10 **B18**
Espalter C. d'..66 **J13**
Espanya Moll d' 49 **K14**

Espanya Pl. d' 34 **H11**
Espanya Industrial C. de l' 33 **G10**
Espanya Industrial Parc de l' 33 **G10**
Esparreguera C. d' 21 **F14**
Esparteria C. de l' ....69 **J15** *S*
Esparver C. de l' 46 **J8**
Espasa Av. d' 5 **B10-C10**
Espaseria C. de l'..................................68 **J15** *S*
Esperança C. de l' 6 **C12**
Esperança Ptge. de l' 25 **D20**
Espiell C. d' 10 **C19**
Espiell Ptge. d' 10 **C18**
Espiga C. de l'......................................25 **E20**
Espinauga C. d' 11 **C19**
Espinoi C. d' 7 **C14**
Espiria Ptge. d'.....................................22 **D15**
Esplugues Ctra. d' 4-5 **C9-C10**
Espolsa-sacs C. d' ....64 **H14** *S*
Esports C. dels 6 **B11**
Espronceda C. d'..............................53-39 **K19-F19**
Esquirol C. de l' = 161 ....68 **J14** *S*
Esquirol Volador C. de l'.........................12 **C21**
Est C. de l' ....66 **J13** *S*
Est Dic de l' 60-61 **M10-M13**
Estació C. de l' 26 **E22**
Estació Pl. de l' 26 **E22**
Estació Ptge. de l' 26 **E22**
Estadella C. de l' 27 **F23**
Estadi Av. de l' 47 **H9-J11**
Estany C. de l' 45 **J7-J8**
Estartit C. de l' 40 **G21**
Estatut Pl. de 10 **B18**
Estatut de Catalunya Av. de l'............23-10 **E17-A19**
Estefania de Requesens
  Carrer d' 26 **D22**
Estel C. de l' 66 **J13**
Esteràs C. d' 32 **F8-F9**
Esteve Terradas C. d' 8 **C15**
Estoril C. de l' 10 **C18**
Estruc C. d' 64 **H14**
Estudiant C. de l' 25 **D20-D21**
Estudis Cró dels = 162 ....6 **C11**
Eterna Memòria C. de l' 38 **F18**
Eucaliptus Pl. dels 13 **A24**
Euclides C. d' 10 **C19**
Eugeni d'Ors C. d' 19 **E10**
Eures Parc des 9 **A17**
Europa C. d' 19 **E10-E11**
Europa Pl. de 47 **J9**
Eusebi Güell Pl. d' 5 **C10**
Eusebi Planas C. d' = 166 ....33 **F10-G10**
Euterpe C. d' 6 **C11**
Evarist Arnús C. d' 19 **E10-F11**
Evaristo Fernández Moll d' 45 **L7-L8**
Exèrcit Av. de l' 4 **C9**
Exposició Pg. de l' 48 **J11**
Extremadura C. d' 40 **H22-G22**
Ezequiel Boixet C. d' = 167 ....23 **D16**
Fabra i Puig Pg. de 11-25 **B20-E21**
Fàbrica C. de = 168 ....26 **E22**

F

Nombre/Nom	Plano nº	Plánol nº	Cuadrícula Coordenada
Fages C. de les = 169	11		C19
Falset C. de	45		J7
Far Camí del	47		K10
Farell C. del	33		G10
Farga Pl. de la	33		G9
Farigola C. de la	22		D15-C15
Farnés C. de	10		C17-C18
Fastenrath C. de	9		B16-C17
Fàtima C. de	10		B18
Favència Via	11-13		B20-D23
Federico Garcia Lorca C. de	11		B20-B21
Feijoo C. de	9		C17
Feixa Llarga C. de la	42		H3-J3
Felanitx C. de	11		C20
Felip Bertran i Güel C. de	25		E20
Felip de Malla C. de	54		J21-J22
Felip II C. de	25-39		D20-G19
Felip Gil C. de	21		D14
Felipe de Paz C. de	18		E9
Felipe de Paz Ptge. de	18		E9
Feliu C. de	24		E18
Feliu Ptge de	10		B17-B18
Feliu Casanova C. de	18		F9
Feliu Casanova Ptge. de = 172	18		F9
Feliu i Codina C. de	10-11		C19-B19
Fèlix Macià C. de	46		L9
Fèlix Martí Alpera C. de	40		G22-H22
Fenals C. de	12		C22
Fènix Pl. del	32		G9
Ferlandina C. de	62		H13
Fernàn Caballero C. de	9		B16
Fernàndez Duró C. de	33		G9
Fernando de los Rios Pl. de	40		G22
Fernando Pessoa C. del	26-27		D22-D23
Fernando Poo C. de	52		K18-K19
Fernando Primo de Rivera C. de	19		D10
Ferradura Ptge de la	40		G21
Ferrán C. de	67		J14
Ferran Agulló C. de	20		E12
Ferran Casablancas Pl. de	20-21		D12-D13
Ferran Junoy C. de	26-27		E22-D24
Ferran Puig C. de	22		D14-C14
Ferran Reyes Pl. de	24		F19
Ferran Soldevila J. de	20		E11
Ferran Turné C. de	39		F20-F21
Ferran Valentí C. de	54		J21
Ferran Valls i Taberner C. de	21		D13
Ferrer Bassa C. de	54		J21-J22
Ferrer de Blanes C. de = 173	22		F14
Ferrer i Vidal Ptge. de	52		J18
Ferreria C. de la	33		G9-G10
Ferreria Ptge. de la = 174	33		G10
Ferrers C. dels	53		K20-J20
Ferro C. del	45		J7
Ferrocarril C. del	52		K19
Ferrocarrils Catalans C. dels	32-46		H8-J8
Festa Major C. = 175	4		C8
Fideuers C. dels = 178	33		H10
Fígols C. de	19		E10
Figueres C. de	7		C13
Figuerola C.	8		B16
Figuerola Pl. de = 179	21		D14
Filipines C. de les	25		F20
Finestrat C. de	38		F18
Finestrelles C. de	13		C24-C23
Finestrelles Camí de	4		B8
Finlàndia C. de	33		G9-F9
Fiol C. de	27		D24
Fisas C. de	18		F9
Física C. de la	32		H8
Fitor C. de = 180	11		C19
Flaçà C. de	11		C19
Flammarion Ptge. de = 181	12		B22
Flandes C. de	38		G18
Flandes Pl. de	8		C15
Flassaders C. dels	69		J15 S
Flaugier Ptge. de	24		F18
Flix C. de	27		F23
Flor C. de la	64		H14 S
Flor de Lliri C. de la	68-69		J15
Flor de Neu C. de la	12		C22
Florència C. de	24		E18
Floresta C. de la = 184	27		F23
Florida C. de la	12		C22
Floridablanca C. de	34-35		H11-H13
Floristes de la Rambla C. de les	67		J13 N
Flors C. de les	66		J12
Flors de Maig C. de les	24		E18
Flos i Calcat C. de	20		D11-E11
Fluvià C. del	53-39		K20-G20
Foc C. del	45-48		J7-J11
Foc Follet C. del	27		F23
Foix C. de	40		H22
Folc C. de	10		C18-C19
Folgueroles C. de	7		C14
Foment i Les Banderes Ctra. del	46-47		J9
Fondal de Sant Martí C. del	39		G20
Foneria C. de la	32		H8
Fonoll C. de	45		J7
Fonollar C. del	69		J15 N
Font Pl. de la	70		K15
Font Ptge. de	37		G16
Font Baliarda C. de la	11		A19
Font Castellana Pl. de la	23		E17
Font de la Mulassa Pg. de la	24		D18-C18
Font de la Mulassa Pl. de la	24		D18
Font de Sant Miquel C. de la = 185	68		J14
Font del Coll C. de la	9		C16
Font del Lleó Ptge. de la	4		B9
Font del Racó C. de la	7		B14
Font del Racó Parc de la	7		B14
Font del Remei C. de la	9		C16
Font d'en Canyelles C. de	12		C21
Font d'en Fargas Pg. de la	24		D18

Font d'en Fargas Pl. de la 24 **D18**
Font Florida C. de la 32-33 **H9-H10**
Font Florida Parc de la 32 **H9**
Font Honrada C. de la 34 **H11**
Font i Sagué Pl. de................................38 **G18**
Font Lleó C. de la 5 **B9-A10**
Font Quintana Camí de la....................11 **B19-B20**
Font Rubia C. de 9 **C17-D17**
Font-Trobada Camí de la 48 **J12-K12**
Fontanella C. de 64 **H14**
Fontanelles Ptge. de 6 **C12**
Fontanet C. dels 10 **B18**
Fontcoberta C. de 6 **C11-D11**
Fonteta C. de 11 **C20**
Fontova C. de 38 **G18**
Frontodona C. d'En 48 **J12**
Foradada C. de 13 **C23-C24**
Forasté Ptge. de 7 **C14**
Forès C. de 45 **J7**
Foret Ptge. de 40 **H21**
Formatgeria C. de la = 186 ....69 **J15** *S*
Formentera C. de 12 **C22**
Formentor C. de 11 **C20**
Formiga C. de la 27 **F23**
Forn C. del 33 **G10**
Forn de la Fonda C. del = 187 ....69 **J15** *N*
Fornells C. de 12 **B22**
Fortuna C. de la 32 **H9**
Fòrum Plaça..54 **K22**
Fosca C. de 13 **C23**
Fossar de les Moreres C. del = 190 .....69 **J15** *S*
Fra Eloi de Bianya Pl. de 5 **C10-C11**
Fra Juníper Serra C. de 26-27 **E22-F23**
Fra Juníper Serra C. de.........................27 **E23**
Fra Luis de Granada C. de 20 **E12**

Fraga C. de...26 **D21**
França C. de..23 **E17-D17**
Franca Xica C. de la 34 **H11-J11**
Francesc Alegre C. de 23 **E17**
Francesc Boix i Campo 32 **H8**
Francesc Cambó Av. de 68 **J14-J15**
Francesc Carbonell C. de 19 **D10-D11**
Francesc de Bolos C. de 25 **D19**
Francesc Layret Pl. de 12 **C21**
Francesc Macià Pl. de 20 **E12**
Francesc Perez Cabrero C. 20 **E12**
Francesc Tarafa C. de = 191 ....9 **C16**
Francesc Tàrrega C. de 25 **E19**
Francesca Bonnemaison C. de...............40 **G21**
Francisco Giner C. de 22 **F14**
Francisco Manzano C. de 23 **E17**
Francolí C. del 21 **D14**
Franqueses C. de les = 192 ....10 **C18**
Fraternitat C. de la 22 **F15**
Frederic Mompou C. de 51 **K17**
Frederic Rahola Av. de 24 **D18-C18**
Frederic Soler Pl. de 21 **D13**
Frederica Montseny J. de 24 **E18**
Freixa C. de 20-21 **D12-D13**
Freixures C. de les 68 **J15**
Freneria C. de la ....68 **J14** *N*
Freser C. del 38 **F18-F19**
Frida Kahlo J. de ....10 **A17-A18** *S*
Frigola Ptge. de 22 **E15**
Fructuós Gelabert Pas de = 193 ....33 **G10**
Fruita C. de la 67 **J14**
Fulton C. de..10 **C18**
Funoses-Llussà C. de = 196....................9 **C16**
Fusina C. de la 69 **J15**
Fusteria C. de la 68 **J14-K14**

G

Gabarnet Ptge. de 9 **C17-C18**
Gabriel Alomar Pl. de = 197 ....26 **D21**
Gabriel Miró C. de 46 **K8**
Gabriel y Galán C. de 38 **G18-G19**
Gaiarre C. de 33 **G10**
Gaiolà Ptge. de 37 **G16**
Galba C. de 54 **J22**
Galceran Marquet C. de.........................52 **J18-K19**
Galí Ptge. de 38 **G19**
Galícia C. de..13 **C23**
Galileu C. de 19 **F10-E10**
Gall Pl. del 35 **G13**
Galla C. de la 10 **C19**
Galla Ptge. de la = 198 ....10 **C19**
Gallarza C. de 7 **B14**
Gallecs C. de 24 **D18-D19**
Gállego C. del 18 **E8-E9**
Gal.la Placídia Pl. de 21 **E14**
Galtés C. de 46 **L9**
Galvany Pl. 21 **E13**

Gandesa C. de 20 **E11**
Ganduxer C. de 20-7 **E12-C13**
Garbí C. de...13 **C23-C24**
Garcia Cambra Ptge. de.........................24 **F18**
Garcia Fària Passeig 53 **K19-K20**
Garcia i Robles Ptge. de = 199 ....22 **D15**
García Mariño C. de 7 **C14**
Garcilaso C. de 25 **E19-F20**
Garcini Ptge. de 24 **F19**
Gardunya Pl. de la..................................67 **J13** *N*
Garigliano C. de 12 **B21**
Garona C. de la 26 **E21**
Garriga i Bachs Pl. de = 202 ....68 **J14** *N*
Garriga i Roca C. de 24 **E18-D18**
Garrigó Pl. de 25 **E20**
Garriguella C. de.......................................8 **A15**
Garrofers C. dels 12 **C21-D21**
Garrofers Ptge. dels 24 **E18**
Garrotxa C. de la 24 **E19**
Gas C. del 50 **K16**

Nombre/Nom — Plano nº / Plànol nº / Cuadrícula Coordenada

Nombre/Nom	Plano nº/Plànol nº	Cuadrícula Coordenada
Gasela C. de la	11	B20-B21
Gatuelles C. de = 203	69	J15 N
Gaudí Av. de	37	G16-F17
Gaudí Pl. de	37	G17
Gavà C. de	32-33	G9-G10
Gaziel C. de	7	B12-B13
Gegants C. dels	67	J14
Gelabert C. de	20	F12
Gelí C. de	70	L15-K15
Gelida C. de = 204	40	H21
General Almirante C. del	32	G8
General Alvarez de Castro C. del	69	J15 N
General Bassols Ptge. del	51	K17
General Batet C. de	18	D8
General Castaños C. del	69	K15
General Mendoza C. del	8	B16
General Mitre Rda. del	20-21	D11-D14
General Moragues Pl. del	39	F20-G20
General Vives C. del	6	B12
Gènova C. de	24	E18
Gerard Piera C. de	19	E10
Germans Desvalls C. dels	10	A18
Germans Rubío i Bellver Pl. dels = 6		A11
Germans Serra C. dels	40	H21-H22
Germans Serra Pl. dels	40	H21
Gernika C. de	32	H8
Gessamí C. de	33	H10
Getsemaní C. de	9	B16
Gignàs C. d'En	68	J14 S
Gilabert i Bonet C. d'Antoni	12	C21-C22
Gimbernat C. dels	33	H10
Ginebra C. de	70	K15
Ginecós Ptge. de	24	F18
Ginjol C. del	67	J13 S
Giralt el Pellisser C. d'En	69	J15 S
Girasol Ptge. del = 205	24	F18
Gírgola Camí de la	20	D11
Giriti C. de	68	J14 S
Girona C. de	36	H15-F15
Gironella C. de	20	D11
Gironella Pl. de	20	D11
Gitaneta C. de la	13	C24
Gleva C. de la	21	E14-D14
Glòria Bda. de la	22	D15
Glòries Catalanes Pl. de les	37	H17-H18
Goldoni C. de	9	B16
Gòlgota C. del	8	B15
Gombau C. de	69	J15 N
Gomis Bda. de	8	C15
Gomis C. de	8	C15
Gomis Ptge. de	8	C14
Góngora C. de	12	C21
González Tablas C. de	4	C8
Gordi C. de = 208	26	E22
Gósol C. de	20	D11
Goya C. de	21	F14
Goya Pl. de	62	H13 N
Gràcia C. de	21	F14
Gràcia Pg. de	35	H14-F14
Gràcia Trav. de	21-23	E13-F17
Gran Capità C. del	4	C9
Gran de Gràcia C.	22	F14-D15
Gran de Sant Andreu C. de	26	E21-D22
Gran Vista C. de la	23	D17-D18
Granada del Penedès C. de la	21	F13-F14
Granadella C. de la	27	E23-F24
Granados C. de	6	B12
Granja C. de la	22	E15
Granollers C. de	10	C18
Grases C. de	34	H11
Grassot C. d'En	23	F16
Gratallops C. de	6	A12
Grau C. de	26	D22
Grau Miró Plaça	9	C16
Grau Ptge. de	25	D19
Grau i Torras C. de	70	L15-K15
Graus C. de	6	C11
Gravina C. de	63	H13 N
Grècia C. de	24	E18
Greco C. del	24	D19
Greenwich C. de	38	H18
Gregal Moll C. de	51	L17-K17
Gresolet C. de	6	C11
Grífols C. de	10	C18
Groc C. d'En	68	J14 S
Grunyí C. de	68	J14-J15
Guadalajara C. de	21	F14
Guadalete C. del	32	H9
Guadalquivir C. del	32	H9
Guadiana C. de	33	G10
Gualbes C. de	21	D13
Guarda Anton C. del	7	B14
Guardería C. de la	5	B10-B11
Guàrdia C. de	67	J13 S
Guardiola i Feliu C. de	26	D22
Guatemala C. de	38	H19
Guatlla C. de la	33	H10
Guayaquil Pg. de	27	E24-F24
Güell Parc	22-23	D15-D16
Güell Ptge. de	7	C13
Guifré C. de	62	H13 S
Guillem C. de = 209	69	J15 S
Guillem de Llúria C. de = 210	52	K19
Guillem Sagrera C. de	54	J21-J22
Guillem Tell C. de	21	E14
Guilleries C. de les	22	E15
Guinardó C. del	24	F18
Guinardó Parc del	24	D18
Guinardó Pl. del	24	E19
Guinardó Rda. del	23-24	E16-E19
Guineueta C. de la	11	B20
Guineueta Parc de la	12	C21
Guineueta Vella Rda. de la	11	B20-B21
Guipúscoa C. de	38-40	G19-G22
Guitard C. de	19	F10-F11
Guítert C. de	70	L15-K15
Guspí C. de = 211	27	F23
Gustavo Bécquer C. de	8	C15
Gutenberg C. de	8	B15
Gutenberg Ptge. de	67	J13 S

H

Nombre/Nom	Plano nº	Plànol nº	Cuadrícula Coordenada
Haití C. d' = 214	9		C16
Harmonia C. de l'	9		A17
Harry Walker Pl. de	12		C21-D21
Hartzenbusch C. d'	32		G9
Havana C. de l'	70		L15-K15
Havana Pg. de l'	26-27		E22-E23
Hedilla C. d'	11		B19-C19
Hercegovina C. d'	21		D13
Hercegovina Ptge. d'	21		D13
Hèrcules C. d'	68		J14
Herenni Pl. d'	33		G10
Hernán Cortés C. d'	38		G18-H18
Heroïnes de Girona Pl. de les	38		F18
Herois del Bruc C. dels	4		C8-C9
Heures C. de les	67		J14
Hipòlit Lázaro C. d'	23		F16-E16
Hirosima J. d'	23		E17
Hispanitat Pl. de la	37		G16-G17
Historiador Maians C. de l' = 215	38		G18
Homer C. d'	21		D14
Hondures C. d'	39		F20
Horaci C. d'	7		C13
Horitzontal C.	26		D21

Nombre/Nom	Plano nº	Plànol nº	Cuadrícula Coordenada
Hort de la Bomba C. de l'	66		J12-J13
Hort de la Vila C. de l'	6		C11-C12
Hort de Sant Pau C. de l'	66		J13
Hort dels Velluters			
Ptge. de l' = 216	65		H15 S
Horta C. d'	10		B18-C19
Horta Ra. d'	26		F21
Horta a Cerdanyola Ctra. d'	10-11		B19-A19
Hortal C. de l'	9		C16-C17
Hortènsia C. de l'	33		H10
Hortes C. de les	48		J12
Horts de Sant Pau J. dels	66		J13 S
Hospital C. de l'	62-63		H13-J13
Hospital Ptge. de l'	63		J13
Hospital Militar Av. de l'	22		D15-B15
Hostafrancs C. d'	33		G10
Hostal de Sant Antoni			
C. de l' = 217	69		J15 S
Hostal d'En Sol C. de l' = 220	68		J14 S
Hostalric C. d'	11		C19
Huelva C. de	39		G19-G21
Hug de Rocabertí C. d'	19		E10
Hurtado C. d'	7		C14

I

Nombre/Nom	Plano nº	Plànol nº	Cuadrícula Coordenada
Ibèria C. d'	33		G9
Ibèria Pl. d'	33		G9-G10
Ictíneo Pl. del	49		K14
Idumea C. d'	9		A16
Iecla C. de	32		H9
Ifni C. d'	20		D11
Iglésias Ptge. d'	51		J17
Ignasi Agustí C. d'	12		B21
Ignasi de Ros C. d'	25		E20
Ignasi Iglésias C. d'	26		D21-E21
Ignasi Juliol Pl. d'	39		G20
Igualada C. d'	22		F15
Igualtat Pg. de la = 221	23		F17
Ildefons Cerdà Pl. d'	32		G8-H8
Illas i Vidal C. d'	21		D13
Immaculada C. de la	6-7		B12-B13
Inca C. d'	25		D20
Independència C. de la	38		G18-F18
Independència Ptge. de la	24		F18
Indíbil C. d'	33		H10
Índic C. de	57		M4
Indústria C.	39		F20
Indústria C. de la	22-24		F15-F19
Indústria J. de la	23		F17
Indústria A Ptge. de la	24		F18
Indústria B Ptge. de la	24		F18

Nombre/Nom	Plano nº	Plànol nº	Cuadrícula Coordenada
Indústria C Ptge. de la	24		F18
Infància Pl. de la	39		G20
Infant C. de l'	38		G18
Infanta Isabel C. de la	7		B13
Infantes J. de les	20		E11
Inflamables Moll d'	58-59		M5-M7
Institut Frenopàtic C. de l' = 222	19		E10
Institut Químic de Sarrià			
C. de l' = 223	6		B11
Iradier C. d'	6		C12-B12
Iriarte C. d'	9		B16
Irlanda C. d'	26		E21
Irlanda Ptge. d'	26		E21
Isaac Albèniz C. d'	6		B11
Isabel Ptge. d' = 226	8		C15
Isabel II Pg. d'	68		K14-K15
Isabel Ribó Ptge. d'	26		D22
Isard C. d'	11		C20
Iscle Soler C. d'	23		F16
Islàndia Pl. d'	39		F19
Isona C. d' = 227	27		F23
Isop Pl. d'	9		B16
Itaqua Pg. de	49		K14
Ivorra C. d'	6		C11

J – K

Nombre/Nom	Plano nº	Plànol nº	Cuadrícula Coordenada
Jacint Guardiola Ptge. de	26		E22
Jacinto Benavente C. de	20		D12-E12
Jacquard C. de	19		F10
Jadraque C. de	9		C17
Jaén C. de	22		E15
Jalón C. del	32		H9
Jane Addams C. de	32		H8
Jambrina C. de	25		F20-E20
Japó C. del	12		C21
Jardins Alfabia Pl. de	11		C20
Jaume Brossa C. de	40		F22
Jaume Cabrera C. de = 228	9		C16
Jaume Càncer C. de	7		B13
Jaume Cascalls C. de = 229	9		C16
Jaume II Pl. de	6		B11
Jaume Fabra C. de	34		H11-H12
Jaume Fabré C. de	54		J21-J22
Jaume Giralt C. de	69		J15 N
Jaume Huguet C. de	40		H21-H22
Jaume Huguet Pl. de	40		H21
Jaume Martí C. de	12		C21
Jaume Pinent C. de	12		B22
Jaume Piquet C. de	6		C11
Jaume I C. de	68		J14
Jaume Puigvert C. de	23		D17
Jaume Roig C. de	18		E9-F9
Jaume Roig Ptge. de	18		E9
Jaume Vicens i Vives C. de	52		K18
Jerez C. de	10		B18
Jericó C. de	8		B15
Jerusalem C. de	67		J13 N
Jesús C. de	21		F14
Jesús i Maria C. de	7		C13-B13
Jiménez i Iglesias C. de	19		D10
Joan Alcover C. de	25		D19
Joan Amades Pl. de	63		H13 S
Joan Blanques C. de	22		F15-E15
Joan Carles I Pl. de	21		F14
Joan Casas Ptge. de	37		G17
Joan Cornudella Pl. de	10		B18
Joan Corrades Pl. de	33		G10
Joan Cortada C. de	23		D16-D17
Joan d'Alòs C. de	4		B9
Joan d'Austria C. de	51		J17-H17
Joan de Borbó Comte de Barcelona Pg. de	70		L14-K15
Joan de Paguera C. de	38		F18-F19
Joan de Palomar C. de	54		J21-J22
Joan Gamper C. de	20		E11
Joan Goula Ptge. de = 230	51		J17
Joan Güell C. de	19		F10-E10
Joan Llongueras Pl. de	20		E12
Joan Manén C. de	24		D18
Joan Maragall J. de	47		J10
Joan Massana C. de = 233	68		J14 S
Joan Miró C. de	51		K17-J17
Joan Miró Parc de	34		G11
Joan Obiols C. de	4		C9-D9
Joan Oliver C. de	51		K17
Joan Orpí C. de	5		B10
Joan Peiró Pl. de	33		F10
Joan I C. de	38		G18
Joan Riera C. de	12		C21
Joan Torras C. de	26		D22-E22
Joan XXIII Av. de	18-19		E9-D10
Joana Tomas J. de	38		G19
Joanot Martorell C. de	33		G10
Joaquim Blume C. de	34		H11
Joaquim Folguera Pl. de	21		D13-D14
Joaquim Molins C. de	19		E10
Joaquim Pena Pl. de	20		D11-D12
Joaquim Puig i Pidemunt C. de	12		B21
Joaquim Pujol Ptge. de	52		J19
Joaquim Renart Pg. de	50-51		J15-J16
Joaquim Rita Ptge. de	26		E21
Joaquim Ruyra C. de	22		F16
Joaquim Ruyra J. de	20		E12
Joaquim Sunyer C. de	8		B15
Joaquim Valls C. de	12		C22
Joaquín Costa C. de	62		H13
Jocs Florals C. dels	32		G9-F9
Johann Sebastian Bach C. de	20-21		E12-E13
John F. Kennedy Pl. de	7		C14
Joncar C. del	52		J18-J19
Jonquera C. de la	52		K19
Jonqueres C. de les	64		H14-H15
Jorba C. de	26		D21
Jorba Ptge. de	6		B12
Jordà Av. del	9		B16-A16
Jordà C. de	6		C11
Jordi de Sant Jordi C. de	25		F19-E20
Jordi Ferran Ptge. de	18		E8
Jordi Girona C. de	4-5		C9-D10
Jorge Manrique C. de	9		B17
José de Agulló C. de	20		D12
Jose Millán González C. de	23		D17
Josep Anselm Clavé C. de	67		K13-K14
Josep Balari C. de	21		D13
Josep Bertrand C. de	20		E12
Josep Canaleta C. de	7		B13
Josep Carner Pg. de	61		K12-K13
Josep Ciurana C. de	23		E17
Josep Estalella C.	40		H22-G22
Josep Estivill C. de	39		F19-F20
Josep Finestres C. de	27		F23
Josep Garí C. de	8		B14
Josep Irla i Bosch C. de	20		D11
Josep Jover C. de	8		C15
Josep Llovera Ptge. de	21		E13
Josep Maria de Sagarra C. de	19		D10
Josep Maria Florensa C. de	7		C14
Josep Maria Folch i Torres Pl.	48		J12
Josep Maria Folch i Torres Pl. de	66		J12 N
Josep Maria Jujol C. de	8		B15
Josep Maria Serra Martí Parc de	11		B20
Josep Maria Sert C. de	8		B15
Josep Miret C. de	40		G21
Josep Munté Jardins	18		D8
Josep Pallach Pl. de	10		B18

Nombre/Nom	Plano n°	Plànol n°	Cuadrícula n°	Coordenada
Josep Pla C. de		54-40		K21-H21
Josep Sangenís C. de		9		C16-C17
Josep Serrano C. de		23		D17
Josep Soldevila C. de		26		F21-E22
Josep Sole Barbera C. de		12		B21
Josep Tarradellas Av. de		34-20		F11-E12
Josep Trueta Pl. de		53		J19
Josep V. Foix C. de		6		B11-C11
Josep Yxart C. de = 234		23		D16-D17
Josepa Massanés C. de		25		F18
Jota C. de la		25		D20-E20
Jovellanos C. de		63		H14
Joventut Pl. de la		13		C24
Juan Bravo C. de		32-33		G9
Juan de Ávila C. de		10		B18
Juan de Garay C. de		25		F19-F20
Juan de Mena C. de		9		B17
Juan de Sada C. de		18		E9-F9
Juan Ramón Jímenez C. de		11		B20

Nombre/Nom	Plano n°	Plànol n°	Cuadrícula n°	Coordenada
Juan Valera C. de		9		B16
Jubany C. de		40		H21
Judea C. de		8		B16
Judici C. del		70		L14
Jules Verne C. de		21		D14
Julio González Pl. de		52		J19-K19
Julià C. de		48		J11
Julià Ptge. de		48		J11
Julià Via de		12		C21-C22
Julià Portet C. de		64		H14 S
Julián Besteiro C. de		39		G20
Julián Romea C. de		21		F14
Juliol C. del		24		E18
Junta de Comerç C. de		67		J13
Jupí C. de = 235		68		J14 S
Jurnet C. de		25		D20
Klein Ptge. de		39		H19-H20
Kobe Pl. de		40		F21

L

Nombre/Nom	Plano n°	Plànol n°	Cuadrícula n°	Coordenada
Laberint C. del = 236		52		K19
Labèrnia C. de		23		D17
Lafont C. de		48		J12
Laforja C. de		21		E13-E14
Lagasca C. de		46		L9
Laguna de Lanao Pl. de la = 239		9		C16
Laietana Via		68-64		K14-H14
Lamote de Grignon C. dels		20		D11
Lancaster C. de		67		J13 S
Lanzarote C. de		26		D22
Laribal J. de		47		J11
Larrard C. de		22		D16
Lázaro Cárdenas C. de		20		D12
Legalitat C. de la		22-23		E16
Legazpi C. de		12		C21
Leiva C. de		33		G10
León Ptge. de		37		F17
Leopoldo Alas C. de		22		E15
Lepant C. de		37-23		H17-E17
Lepant Moll de		45		L7
Lesseps Pl. de		22		D15
Lima C. de		27		E23-F24
Lincoln C. de		21		E14
Lírica C. de		9		A17
Lisboa C. de		10		B17-C18
Litoral Av. del		51-52		K16-K19
Liuva C. de		26		E21
Llacuna C. de la		52-38		K18-H18
Llacuna Ptge. de la		52		K18
Llafranc C. de = 240		11		C20
Llagostera C. de		38		F18-G18
Llana Pl. de la		68		J15 N
Llançà C. de		34		H11-F11
Llàstics C. d'En		69		J15 N
Llatzeret C. del		52		J19

Nombre/Nom	Plano n°	Plànol n°	Cuadrícula n°	Coordenada
Llauder C. de		68		K14
Llavallol Ptge. de		23		F16
Llebre C. de la = 241		67		J14 N
Lledó C. de		68		J14
Lledoner C. del		9		A16-B16
Lledoner Pl.		8		B16
Lleialtat C. de la		66		J12-J13
Lleida C. de		34		H11
Llenguadoc C. del		26		E21
Lleó C. del		62		H13
Lleó XIII C. de		7		C14-B14
Lleona C. de la		67		J14
Llerona C. de		13		B23-B24
Lletres C. de les		10		C18
Llevant C. de		69		K15 N
Llevant Moll de		61		L13
Llibertat C. de la		22		F15
Llibertat Pl. de la		21		E14
Llibreteria Bda. de la		68		J14 N
Llibreteria C. de la		68		J14 N
Lliçà C. de la		12		A22
Lliçà Camí de la		5		A10
Llinars del Vallès C. de		27		E23
Lliri C. del		23		D16
Llívia C. de		26		D21
Llívia Ptge. de		24		E19
Llobera C. de		12		B22
Llobet C. de		33		G10
Llobet i Vall-Llosera C. de		24		D18-E18
Llobregat Ptge. del		32		H9
Llobregós C. del		9-10		C17-C18
Llopis C. de		12		B22
Llopis Ptge. de		10		C18
Llorac Ptge. de		6		B12
Llorca Pl. de		32		H9

Nombre/Nom	Plano n	Plànol n	Cuadrícula	Coordenada
Llorens Artigas C. de	18			D9
Llorens i Barba C. de	23			E17
Llorer C. del	22			E16
Lloret de Mar C. de	10			B18-B19
Llosa C. de la	13			C23
Lluc C. de	12			C21
Lluçà C. de	19			E10-F10
Lluçanès C. del	7			C13
Llucena C. de	12			C21
Llucmajor Pl. de	12			C21
Lluís Bonifaç C. de	9			C16
Lluís Borrassà C. de	54			J21-J22
Lluís Companys Pg. de	65			J15-H15
Lluís Cutchet Ptge. de = 242	67			J13 S
Lluís Dalmau C. de	40			H21-H22
Lluís el Piados C. de	65			H15 S
Lluís Marià Vidal C. de	9			C17
Lluís Millet Pl. de	64			H14 S
Lluís Muntadas C. de	7			B14
Lluís Nicolau d'Olwer C. de	19			D10
Lluís Pellicer Ptge. de	21			F13
Lluís Pericot C. de	19			D10
Lluís Sagnier C. de	24			D19-E19
Lluís Vives C. de = 245	22			F15
Llull C. de	51-54			J16-J22
Lluna C. de la	62			H13 S
Logronyo C. de	11			A19-B19
Lola Anglada Pl. de	12			C22
Londres C. de	20-21			F12-F13
Lope de Vega C. de	53-39			K19-G19
López Catalán C. de	33			F10-G10
Lorda C. de	9			C16
Lorena C. de	11			C20
Lorenzale C. de	24			F19
Loreto C. de	20			E12-F12
Lotus C. del	33			H10
Louis Braille C. de	67			K14 N
Lucà C. de	7			C14
Lucà Ptge. de	7			C14
Lugo C. de	9			C17
Lugo Ptge. de	9			C17
Luis Antúnez C. de	21			F14
Lutxana C. de	52			K18-H18
Luz Casanova C.	12			C21

M

Nombre/Nom	Plano n	Plànol n	Cuadrícula	Coordenada
Madoz Ptge. de	67			J14
Madrazo C. dels	21			E13-E14
Madrid Av. de	18-19			E9-F10
Madriguera C. de la	13			C23-C24
Madrona Piera Ptge. de	18			E8
Maduixer C. del	8			B15
Maestrat C. del	12			C21
Magalhães C. de	48			J11-J12
Magarola Ptge. de	67			J14 N
Magatzems C. dels	70			K15
Magdalenes C. de les	64			H14
Maignon C. de	22			D15
Mainada Pl.	24			F19
Maiol Ptge. de	37			G16
Major de Can Caralleu C.	6			B11
Major de Sarrià C.	6			B11-C11
Malacca Ptge	57			M4
Maladeta C. de la	25			D20-C20
Málaga J. de	20			F11
Malats C. de	26			D21-E22
Malcuinat C. del = 246	69			J15 S
Malet Ptge. de	38			G19
Malgrat C. de	25			E20-D20
Mallart Ptge. de	53			J20
Mallofré Ptge. de = 247	6			C11
Mallorca C. de	34-38			G11-G19
Malnom C. del = 248	62			H13-J13
Maluquer Ptge. de	7			C14
Manacor C. de	21			D14
Mandoni C. de	33			H9
Mandri C. de	7			C13
Mañé i Flaquer C. de	6			C11
Mañé i Flaquer Pl. de	21			E14
Manigua C. de la	25			E19
Manila C. de	19			D10-D11
Manlleu C. de	8			C16
Manlleu Ptge. de	8			C15
Manresa C. de	68			J14 S
Manrique de Lara C. de	22			E15
Manso C. de	34			H12
Manuel Ainaud Pl. de	40			H22
Manuel Angelon C. de	21			D14
Manuel Arnús C. de	7			B14-A14
Manuel Ballbé C. de	4			C8
Manuel de Falla C. de	20			D11
Manuel Girona Pg. de	19			D10-D11
Manuel Ramon C. de	7			B14
Manuel Ribé Plta. de	67			J14 N
Manuel Sanchis Guarner C. de	26			D21
Manuel Sancho C. de	25			D20
Manuel Sancho Ptge. de = 251	25			D20
Manufactures Ptge. de les	65			H15 S
Manxa C. de la	9			C17
Manzanares C. del	32			G9
Maó C. de	7			C13
Maquinista C. de la	70			K15
Mar C. del	70			L14-K15
Mar Pl. del	49			L14
Mar Rbla. de	66			K13
Mar Groga C. de la	57			M4-N5
Mar Roja C. de la	57			M4-N4
Maracaibo C. de	27			E24
Maragall Pg. de	24-10			F18-C18
Maragall Pl. de	24			E19

Nombre/Nom	Plano nº	Plànol nº	Cuadrícula	Coordenada

Marbre C. del 46 **J9**
Marc Aureli C. de 21 **E13-D13**
Marçà C. de 11 **C19**
Marçal Ptge. de 32 **G8**
Marcel.lí C. 10 **B18**
Marconi C. de 38 **G18**
Marcús Plta. d'En ....69 **J15**
Mare de Déu de Gràcia C. de la 21 **E14**
Mare de Déu de la Pau Pl. de la 7 **C13**
Mare de Déu de la Salut C. de la 22-23 **D16**
Mare de Déu de les Neus C. de la 25 **D19**
Mare de Déu de Lorda C. de la 5 **B10**
Mare de Déu de Lorda C. de la 13 **C23-C24**
Mare de Déu de Montserrat
   Av. de la 23-24 **E16-E19**
Mare de Déu de Núria C. de la 6 **C11**
Mare de Déu de Port C. de la 32-46 **H9-K8**
Mare de Déu del Carmel C. de la 7 **C14**
Mare de Déu del Coll C. de la 22 **D15-C15**
Mare de Déu del Coll Pg. de la 8-9 **C15-C17**
Mare de Déu del Pilar C. de la 64 **J15-H15**
Mare de Déu del Pilar C. de la 9 **C16-C17**
Mare de Déu del Remei C. de la 34 **H11**
Mare de Déu dels Angels C. de la..............9 **C16-C17**
Mare de Déu dels Desemparats
   C. de la..22 **F15**
Mare de Déu dels Reis C. de la..................8 **C15**
Mare Eterna C. de la 27 **F23**
Mare Nazária March Pl. de la 40 **H21**
Maresme C. del..............................54-40 **J21-G21**
Maresme Pl. del 54 **J21**
Margarit C. de...48 **J11-J12**
Margenat C. de 6 **C12**
Marí C. de 24 **D18-C18**
Marí Ptge. de..10 **C18**
Maria C. de 21 **F14**
Marià Aguiló C. de 52 **J19-K19**
Maria Auxiliadora C. de........................20 **D11**
Maria Barrientos C. de 19 **E9**
Marià Brossa Pl. de 26 **D22**
Marià Cubí C. de 21 **E13-E14**
Maria Espinalt i Font Pl. de 39 **G20**
Marià Lavèrnia C. de 23 **D17**
Maria Paretas C. de = 252.....................10 **C18**
Maria Reina C. de 5 **A10-B10**
Maria Victòria C. de 33 **G9-G10**
Maria Zambrano C. de............................13 **C23**
Mariana Pineda C. de = 253 ....22 **F14-F15**
Marianao C. de 23 **D16**
Marie Curie C. de 11 **C20**
Marimon Ptge. de....................................21 **F13-E13**
Marín C. de 12 **C21**
Marina C. de la 51-23 **K16-F16**
Marina Moll de la 51 **K16**
Marina Pg. de la 23 **E16**
Marina Ptge. de la 53 **J20**
Marinada C. de la......................................7 **B13**
Mariner Ptge. de 37 **F16**
Mariners C. dels 70 **K15**
Marítim de la Barceloneta Pg.........50-51 **L15-K16**
Marítim de la Mar Bella Pg..........52-53 **K19-K20**
Marítim de la Nova Icária Pg.................51 **K17**

Marítim del Bogatell Pg. 52 **K18**
Marítim del Port Olímpic Pg. 51 **K16-K17**
Marítimo Gabriel Roca Paseo 61 **L13**
Marlet C. de 67 **J14**
Marmellà C. de 7 **C14**
Marne C. del 11 **C20**
Marquès de Barberà C. del 66-67 **J13**
Marquès de Campo Sagrado C. del 48 **J12**
Marquès de Castellbell C. del 10 **B18-C18**
Marquès de Catellbell Ptge = 265 ....10 **B18**
Marquès de Comillas Av. del 33 **H9-H10**
Marquès de Foronda C. del 10 **C18**
Marquès de Foronda Pl. del 33 **H10**
Marquès de la Mina C. del......................70 **K15**
Marquès de la Quadra C. del..................70 **K15**
Marquès de Lamadrid C. del.....................8 **B14**
Marquès de l'Argentera Av. del.............69 **K15-J15**
Marquès de Mulhacén C. del 5 **C10-D10**
Marquès de Santa Ana C. del = 254 ......21 **D14**
Marquès de Santa Isabel Ptge. del........39 **H19**
Marquès de Santillana C. del = 257 ......26 **E21**
Marques de Sentmenat C. del 20 **E11-F11**
Marquesa C. de la ....69 **K15**
Marquesa de Caldes de Montbui
   C. de la 24-25 **D19**
Marquesa de Caldes de Montbui
   Plta. de la = 258 ....24 **D19**
Marquesa de Vilallonga C. de la 6-7 **C12-B13**
Marquet C. de 68 **J14-K14**
Marquilles Pl. de ....69 **J15**
Marroc C. de 39-40 **H19-H21**
Marsala C. de 54 **J22**
Marsans i Rof C. de 9 **C16-C17**
Martí C. de 22-23 **E15-E16**
Martí i Alsina C. de 10 **C19**
Martí i Codolar Av.de 9 **B17**
Martí i Franquès C. de 18 **D9**
Martí i Julià C. de 20 **D11**
Martí Llauradó Pl. de 20 **D11**
Martí Molins C. de 25 **F20**
Martínez de la Rosa C. de 22 **F15**
Martinica Ptge. de la 57 **M3-M4**
Martorell i Peña C. de 6 **B12**
Martorelles C. de 13 **B24**
Martras Ptge. de 48 **J11**
Mas Casanovas C. del 23 **E17**
Mas de Roda Ptge. de 52 **J18**
Mas Duran C. del 12 **C22**
Mas Pujol C. del 24 **D18**
Mas Yebra C. de 7 **C14**
Masadas Pl. de = 259 ....25 **F20**
Mascaró C. de 24 **E18-E19**
Masferrer C. de 19 **E10**
Masnou C. del..33 **G10**
Masó C. de la 45 **J7**
Masoliver Ptge. de 52 **J18**
Maspons C. de 22 **E14-E15**
Maspons i Labrós C. de 24 **E18**
Masquefa C. de 13 **A23**
Masriera C. dels = 260 ....32 **G9**
Massaguer Ptge. de 52 **J18**
Massaguer de Pallars Ptge. de.................53 **J20**

Nombre/Nom	Plano n°	Plànol n°	Cuadrícula Coordenada
Massana J. de	25		**E20** N
Massanet C. de	68		**J14**
Massens C. de	22		**E15**
Mata C. de	61		**K12**
Matagalls C. del	26		**D22**
Matamala C. de	11		**C19-C20**
Matanzas C. de	25		**E19**
Mataplana C. = 263	38		**G18**
Mataró Ctra. de	40		**H22**
Matemàtiques Pl. de les	32		**H9**
Maternitat C. de la	19		**E9**
Mateu C. de	22		**E15**
Mateu Ferran C. de = 264	26		**E21**
Matilde C. de	22		**F14**
Matilde Díez C. de	21		**E14**
Maurici Serrahima C. de	22		**E15**
Maurici Vilomara C. de	24		**D18**
Mecànica C. de la	32		**H8**
Medes C. de les	22		**D15**
Mediona C. de	8		**B16**
Mediterrània C. de la	70		**K15**
Meer C. de	70		**L15**
Mejía Lequerica C. de	19		**E10**
Melcior de Palau C. de	33		**F9-F11**
Melilla C. de	7		**C13-C14**
Mendel C. de	6		**C11**
Méndez Núñez C. de	65		**H15** S
Méndez Vigo Ptge. de	36		**G15**
Menéndez y Pelayo C. de	18-19		**D9**
Menor de Sarrià C. de	6		**C11**
Menorca C. de	39-40		**G20-G21**
Mercabarna			
Carrer Longitudinal 1	42		**K2**
Carrer Longitudinal 2	42		**J2-J3**
Carrer Longitudinal 3	42		**K2**
Carrer Longitudinal 4	43		**K3-J3**
Carrer Longitudinal 5	42-43		**K3**
Carrer Longitudinal 6	42		**J2**
Carrer Longitudinal 7	42-43		**K2-K3**
Carrer Longitudinal 8	42-43		**K2-K3**
Carrer Longitudinal 9	42		**J2**
Carrer Longitudinal 10	42		**J2**
Carrer Major	42		**J2-J3**
Carrer Transversal 2	42		**K2**
Carrer Transversal 3	42		**J2-K2**
Carrer Transversal 4	42		**J2-K3**
Carrer Transversal 5	43		**J3-K3**
Carrer Transversal 6	42		**J2**
Carrer Transversal 7	42		**J2**
Carrer Transversal 8	42		**J2**
Carrer Transversal 9	43		**J3**
Carrer Transversal 10	42		**J2-J3**
Mercadal Pl. del	26		**E21**
Mercader Ptge. de	35		**G14**
Mercaders C. dels	68		**J14**
Mercantil Ptge. de	68		**J14** S
Mercat Bda. del = 266	10		**C18**
Mercat C. del = 267	26		**E21**
Mercat Pl. del	38		**G18**
Mercat Ptge. del	36		**G15**
Mercè C. de la	68		**K14**
Mercè Pl. de la	67		**K14** N
Mercè Plantada J. de	51		**J17**
Mercedes C. de	22		**D16**
Mercedes Ptge. de	22		**D16**
Mercedes Rbla. de	22		**D15-D16**
Mercuri C. del	45		**J7**
Mérida C. de	27		**E23**
Meridiana Av.	51-13		**J16-C24**
Meridional C. = 269	38		**G18**
Messina C. de	54		**J22-H22**
Mestral Moll de	51		**K16-K17**
Mestrança C. de la	70		**L15**
Mestre Alfonso C. del	54		**J21-J22**
Mestre Aloí C. del = 270	40		**H22**
Mestre Altisent J. del	20		**F11-F12**
Mestre Balcells J. del	22		**E15**
Mestre Dalmau C. de	10		**C19**
Mestre Nicolau C. del	20		**E12-E13**
Mestre Serradesanferm			
C. del = 271	10		**C18**
Mestres Casals i Martorell			
C. dels = 272	69		**J15** N
Metal.lúrgia C. de la	31-45		**H7-J7**
Metges C. dels	69		**J15** N
Mèxic C. de	33		**H10**
Mig C. del	46		**J9**
Mig del Turó Ptge.	24		**E18**
Miguel Hernandez C. de	11		**B20-B21**
Mil vuit-cents			
Ptge. del = 275	67		**J13** N
Milà i Fontanals C. de	22		**F15**
Milanesat C. del	20		**D11-D12**
Milans C. de	67		**J14** S
Milton C. de	21		**E14**
Mímica C. de la	9		**A17**
Mimoses C. de les	6		**C11**
Mina C. de	66		**K13**
Mina de la Ciutat C. de la	12		**B22**
Mineria C. de la	32		**H8-H9**
Minerva C. de	21		**F14**
Minici Natal Pg. de	47		**K10**
Ministral Ptge. de = 276	9		**C16**
Miño C. del	21		**D13**
Miquel Angel C. de	19		**F9-F10**
Miquel Bleach C. de	33		**G10**
Miquel Boera C. de	70		**L15-K15**
Miquel Casablancas i Joanico Pl.	26		**D22**
Miquel del Sants Oliver C. de	23		**D16**
Miquel Ferrà C. de	25		**D19**
Miquel i Badia C. de	23		**D16**
Mir C. de	26		**D21**
Mir Geribert C. de	33		**G10-H10**
Miracle C. del	19		**F10**
Mirador J. del	60		**K11**
Mirador Pl. del	60		**K12**
Mirador de Poble Sec J. del	61		**K12**
Mirallers C. dels	68		**J15**
Miramar Av. de	48		**J11-K12**
Miramar Ctra. de	60		**K11-K12**
Miramar J. de	60		**K12**
Miramar Pg. de	48		**J12-K12**
Miravet C. de	45		**J7**
Mireia C. de	13		**C24-C23**

Nombre/Nom	Plano nº	Plànol nº	Cuadrícula	Coordenada

Miret i Sans C. de 5 **B9-C9**
Misser Ferrer C. del = 277 .....68 **J14** N
Mistral Av. de 34 **H11-H12**
Mocambic Ptge. de 57 **M3**
Modest Urgell C. de = 278.....26 **E22**
Modolell C. de 20-21 **D12-D13**
Mogent C. del 54 **J21**
Moià C. de 21 **F13**
Moianés C. de 33 **G10**
Moïnyarc Ptge. de 39 **H19-J20**
Moles C. de les 64 **H14**
Molí C. del 12 **C21-C22**
Moli Camí de 47 **K10**
Molina Pl. de 21 **E14**
Moliné C. de 21 **E13**
Molist C. de 23 **D16**
Mollerussa C. de 27 **E23-F24**
Mollet C. de = 281 .....27 **D24**
Mònec C. d'En.....65 **J15-H15**
Moneders C. dels 4 **C9**
Monegal C. de 21 **D14**
Monestir Bda. del 5 **B10-C10**
Monestir C. del 5 **B10-B11**
Monestir Pl. del 5 **B10**
Monges C. de les.....26 **E21**
Monges Ra. de les 6 **B11**
Monistrol C. de 22 **F15**
Monjo C. de 70 **K15**
Monlau C. de 25 **F20**
Mons Pl. de 8 **C15**
Mont de Pietat Pg. = 282 .....24 **F18**
Mont ral C. de 11 **B20**
Mont roig C. de 21 **D14**
Mont ros C. de 33 **G9**
Mont Tabor C. del 8-9 **B16**
Montagut C. de 11 **C19-C20**
Montalegre C. de 63 **H13**
Montanyans Av. dels 32-33 **H9-H10**
Montanyans C. de = 283 .....69 **J15** N
Montbau Pl. de 9 **A17**
Montbau Grup de cases 9 **A17**
   Blanc de Montbau Pas de
   Blau de Montbau Pas de
   Groc de Montbau Pas de
   Rosa de Montbau Pas de
   Violeta de Montbau Pas de
Montcada C. de.....69 **J15**
Montcada Plta. de .....69 **J15** S
Montclar C. de.....6 **A12**
Montecassino C. de 21 **D13**
Monterols C. de 6 **C11**
Montevideo C. de 5 **B9-B11**
Montfar C. de = 284 .....33 **H10**
Montjuïc Ctra. de 60-61 **K11-K12**
Montjuïc Pg. de 48 **J12-K12**
Montjuïc del Bisbe C. dels = 287 .....68 **J14** N
Montjuïc del Carme C. dels.....63 **H13** S
Montmajor C. de 11 **C19-C20**
Montmany C. de 22 **F15-E15**
Montnegre C. del 20 **E11**
Montornès C. de 8 **C15**
Montornes Ptge. de 8 **C15**

Montpeller C. de 26 **D21-E21**
Montsant C. del 11 **C20**
Montsec C. de 26 **E21**
Montseny C. del 22 **E14-E15**
Montserrat C. de 67 **J13-K13**
Montserrat J. de 20 **F12**
Montserrat Plta. de 9 **C16**
Montserrat Ptge. de = 288 .....53 **J19**
Montserrat de Casanovas C. de 24 **D17-D18**
Montserrat Roca i Balta Pl. de 26 **E21**
Montserrat Roig J. de 37 **F17-G17**
Montsió C. de .....64 **H14** S
Monturiol C. de 38 **H19-G19**
Móra d'Ebre C. de 8-9 **C15-C16**
Móra la Nova C. de 9 **C16**
Morabos C. dels 33 **H10**
Moragas C. de 7 **C13-C14**
Morages J. de 21 **E13**
Morales C. de 20 **E12-F12**
Moratin C. de 9 **C17**
Morató C. de 9 **C16**
Morell C. del 8 **C15**
Morenes Ptge. de = 289 .....39 **H20**
Morera C. de la .....67 **J13** N
Moscou C. de 51 **K16**
Mosques C. de .....69 **J15** S
Mossèn Amadeu Oller C. de 32 **G9**
Mossèn Cinto Verdaguer J. de 60 **K11**
Mossèn Clapés Pl. de 26 **D22**
Mossèn Costa i Llobera J. de 60 **K12**
Mossèn Epifani Lorda C. de = 290 .....13 **C24**
Mossèn Joan Cortinas Pl. de 41 **F23**
Mossèn Josep Bundó C. de 24 **D18-D19**
Mossèn Josep Pedragosa Pl. de 18-19 **E9**
Mossèn Juliana C. de 25 **F20**
Mossèn Masdexeixart C. de = 293 .....22 **E16**
Mossèn Quintí Mallofré C. de 26 **E21-F21**
Mossèn Vives C. de 7 **B13**
Mossèn Xiró C. de 21 **E14**
Motors C. dels.....44-46 **H4-K8**
Mozart C. de 22 **F14**
Mühlberg C. de 23 **D17**
Mulassa Ptge. de la 24 **D18**
Mulet Ptge. de 21 **E14**
Municipi C. del 38 **G18-G19**
Munné C. de 18 **E8**
Munner C. de 7 **C13**
Muntadas C. de 33 **G10**
Muntaner C. de 35-7 **H13-C13**
Muntanya C. de la 38 **F18-G18**
Muntanya Rbla. de la 24 **E18-E19**
Muntanya de Montserrat C. de la 23 **D17**
Muntanyola C. de = 294 .....10 **A19**
Mur C. de = 295 .....27 **F23**
Mura C. de 10 **A18-A19**
Múrcia C. de 38-39 **G19**
Muret C. de 40 **H21-H22**
Murillo C. de 48 **J12**
Murtra C. de la 9 **C17**
Muses C. de les 9 **A17**
Música C. de la 9 **A17**
Musitu C. de 21 **D14**

Nombre/Nom	Plano n°	Plánol n°	Cuadrícula Coordenada

Nombre/Nom	Plano/Plánol n°	Cuadrícula/Coordenada
Nació C. de la	38	F18-G18
Nadal C. de	26	E21
Nadal Pl. de	26	E21
Naïm C. de	9	A16
Nalón C. de = 296	18	E8
Napoleó Ptge. de	22	D15
Nàpols C. de	51-37	J16-F16
Narbona C. de	40	H22
Narcis Oller Pl. de	21	F14
Narcisa Freixas Pl. de	7	C14
Natzaret C. de	8	B16-A16
La Nau C. de	68	J14 S
Nau Santa Maria C. de la	20	D11-E11
Naus de la Maquinista C.	27	E23
Navarra C. de	33	G9
Navas Pl. de Las	34	H11
Navas de Tolosa C. de Las	38-24	G19-F19
Navata C. de	8	B15
Negoci C. del	27	D23-C23
Negrell C. de	46	J8
Negrevernis C. de	6	C11
Nemesi Ponsati Pl. de	47	K10
Nen de la Rutlla Pl. del = 360	24	E18
Nena Casas C. de la	20	D12
Neopàtria C. de	26	E21
Neptú C. de	21	F14
Neptú Pl. de	48	J11
Nerbion C. del	32	H9
Neu de Sant Cugat C. de la = 299	69	J15 N
Niça C. de	23	E17
Nicaragua C. de	34-20	G11-F11

Nombre/Nom	Plano/Plánol n°	Cuadrícula/Coordenada
Nicolau de Sant Climent C. de = 300	69	J15 S
Nil C. del	11	C20
Nil Ptge. del	11	C20
Nil Fabra C. de	22	E15
Nínive C. de = 301	9	A16
Níquel C. del	31	H7-J7
Nobel C. de	25	F20
Noguera Pallaresa C. de la	32-33	G9-G10
Noguera Ribagorçana C. de la	33	G10
Nogueres C. de les	4	B8-B9
Nogués Ptge. de	23	F16-E16
Nord C. del	33	H10
Nord Pl. del	22	E15
Notari Camí de	10	A19
Notariat C. del	63	H13 S
Nou Moll	61	L14
Nou Pl. del	45	J7
Nou Barris C. dels	12	B22-C22
Nou Barris Pl. de	13	C22
Nou de Dulce C.	62	H13
Nou de la Rambla C.	48-49	J12-J13
Nou de Porta C.	25	D20
Nou de Santa Eulàlia C.	6	B11
Nou de Zurbano C.	67	J14
Nou Pins C. de	12	C22
Nou Sant Francesc C.	67	K14-J14
Nova Pl.	68	J14 N
Nova Icària Parc de la	51	K17-K18
Novell C. de	19	E10-F11
Novelles C. de les = 302	27	F23-F24
Numància C. de	20	D11-F11
Núria Ptge. de	23	F17

Nombre/Nom	Plano/Plánol n°	Cuadrícula/Coordenada
Oblit C. de l'	24	E18-E19
Obradors C. dels	67	J14 S
Ocata C. d'	69	K15 N
Occidental Moll	61	L13
Ocells C. dels	69	J15 N
Odena C. d' = 305	27	D24
Odisea Pl. de la	49	K14
Oest Moll de l'	58	L5-M5
Ojeda C. d' = 307	12	B22
Olèrdola Pl. d'	8	C16
Olesa C. d'	25	F20-E20
Olga Sacharoff J. d'	20	E11
Olí C. de l'	68	J14 S
Oliana C. d'	21	E13-E14
Olímpic Pg.	47	J10
Oliva C. d'	25	F20
Oliva Ptge. d'	38	G19
Olivé Ptge. d'	53	J19

Nombre/Nom	Plano/Plánol n°	Cuadrícula/Coordenada
Olivé i Maristany Ptge. d'	53	J19
Olivera C. de l'	34	H11-J11
Olivereta Pl. de l'	18	F9
Olles Pl. de les	69	J15 S
Olof Palme Pl. d'	11	C20
Olot C. d'	22	D16
Olzinelles C. d'	32-33	G9-G10
Om C. de l'	66	J13 S
Om Ptge. de l'	66	J13 S
Onze de Setembre Pg. de l'	26	E21-F21
Or C. de l'	22	E15
Ordi Ptge. de l'	25	E19
Orduña C. de l'	11	C20
Oreneta C. de l'	21	E14
Oreneta Parc de l'	5	B10
Orfila Pl. d' = 308	26	E22
Orgues C. dels = 311	68	J14 S
Orient Pl. de l'	20	D12

Nombre/Nom	Plano n°	Plànol n°	Cuadrícula Coordenada
Oriental Moll	61		L13
Oriol C. d'	12		C22
Oriol Ptge. d' = 312	53		J19
Oriol Mestres C. d'	6		C11
Oris C. d'	13		A23
Oristany C. d'	40		H22
Ormuz Ptge.	57		N4
Orrius C. de	27		F23

Nombre/Nom	Plano n°	Plànol n°	Cuadrícula Coordenada
Ortigosa C. d'	64-65		H14-H15
Osca Pl. d'	33		G10
Osi C. d'	6		C11
Osona C. d'	21		D14
Otero Pedrayo Pl. d'	12		C21
Otger C. d'	26		E21-E22
Otranto C. d'	54		J22
Ouadra C. de la = 313	4		B8-B9

P

Nombre/Nom	Plano n°	Cuadrícula
Pablo Sáez de Bares C. de	23	D17
Paca Soler Ptge. de	18	E8
Pacífic C. de	25	E20-F20
Padilla C. de	37-23	H17-E17
Pàdua C. de	21	D14-D15
Pagès Ptge. de	37	H16
Països Catalans Pl. dels	33	F11
Paixalet C. d'en	26	E22
Palafolls C. de	6	A12
Palafox C. de	10	B18
Palamós C. de	12-13	C22-C23
Palau C. de	67	J14 S
Palau Pla del	69	K15 N
Palau Nacional Mirador del	33	H10-J10
Palau Reial de Pedralbes Parc de	19	D9-D10
Palau Solita C. de	13	B24
Palaudàries C. de	61	K12-K13
Palautordera Bda. de = 317	24	D19
Palència C. de	39	F19-F20
Palerm C. de	54	J22-H22
Paletes C. dels = 318	6	C11
Palla C. de la	67	J14
Pallars C. de	51-54	J16-J21
Pallars Ptge. de	54	J21
Pallejà C. de = 319	27	D24
Palma C. de la	48	J11
Palma de Sant Genís C. de la	8	B15
Palma de Sant Just C. de la	68	J14 S
Palmera Sant Marti Pl. de la	40	G21-H21
Palmeres Pl. de les	26	E21
Palmeres Ptge. de les	10-11	C19
Paloma C. de la	62	H13
Palomar C. de	26-27	D22-D23
Palou C. de	8	C16-B16
Pals C. de = 320	11	C19
Pamplona C. de	51	J17-H17
Panamà C. de	5	B9-B10
Panissars C. dels	18	F9
Panorama C. del	23	D17
Panses C. de les = 323	68	J14-J15 S
Pantà de Tremp C. del	9	C17
Pantomima C. de la	9	A17
Papin C. de	19	F10
Paradis C. del = 324	68	J14 N
Paraguai C. del	40	H21
Paral.lel Av. del	34-49	H11-K13
Parc C. del	67	K14 N

Nombre/Nom	Plano n°	Cuadrícula
Parc Logistic Avinguda del	43-44	J4-K6
Parc de Montjuïc C. del	48	J11-J12
Parcerisa C. de	32	G8-G9
Pardo C. de	25	E20
Pare Damià C. de	6	B11
Pare Eusebi Millan Pl. del	33	H9-H10
Pare Fidel Fita C. del	21	D14-C14
Pare Gallifa C. del	68	J14 N
Pare Jacint Alegre C. del	23	D16
Pare Laínez C. del	23	F16
Pare Manjón C. del	13	C24
Pare Manyanet C. del	26	F21
Pare Mariana C. del	9	B17
Pare Miquel de Sarrià C. del = 325	6	C11
Pare Pérez del Pulgar C. del	13	C24
Pare Rodés C. del	12	C21
Pare Roldós C. del	24	E19
Pare Secchi C. del	26	E21
Paredes C. de	70	K15
Parellada C. de	26	E21-E22
París C. de	20-21	F11-F14
París Ptge. de = 326	23	F17
Parlament C. del	34	H12
Parlament Ptge. del	48	J12
Parròquia C. de la = 329	6	C11
Pascual i Vila C. de	18	D9
Passerell C. del	23	D17
Passerell Ptge. del	23	D17
Pasteur C. de	23	D17
Pastrana Pl. de	9	C17
Pati Llimona Plta. = 330	68	J14 S
Patriarca Ptge. del	64	H14 S
Pau C. de	40	H22
Pau Pl. de la	40	G22
Pau Ptge. de la	67	K14-J14
Pau Alcover C. de	6	C12
Pau Casals Av. de	20	E12
Pau Claris C. de	36	H14-F14
Pau Ferran C. de	9	C11
Pau Feu C. de	6	A11
Pau Gargallo C. de	18	D8-D9
Pau Hernández Ptge. de	37	G17
Pau Romeva C. de	20	E11
Pau Sabater C. de	13	A23
Pau Vila Pl. de	70	K15
Paul Claudel Pl. de = 331	25	D19
Pavia C. de	32	F8-F9

Nombre/Nom	Plano n°	Plànol n°	Cuadrícula Coordenada
Pearson Av. de	4-5		**B9**
Pearson Ptge. de	5		**B9**
Pedraforca C. del	13		**A23-A24**
Pedralbes Av. de	5		**C10-D10**
Pedralbes Pl. de	5		**C10**
Pedregar Bda. del = 332	12		**B22**
Pedrell C. de	24		**C17-D18**
Pedrell Ptge. de	24		**D18**
Pedrera del Mussol C. de la	46		**J9**
Pedreres C. de les	48		**J11**
Pedret C. de	11		**C20**
Pedró Pl. del	62		**H13** *S*
Pedró de la Creu C. del	6		**C11**
Pedró i Pons C. de	19		**D10**
Pedro Muñoz Seca J. de	9		**A17**
Pedrosa C. de la	13		**C23**
Pegàs C. del	25		**E20**
Pegaso Parc de	25		**E20-E21**
Peira Pg. de la	11		**C19**
Pelai C. de	63		**H13-H14**
Pellaires C. dels	53		**J19-J20**
Peñalara C. del	25		**C19-D19**
Penedès C. del	22		**F14-F15**
Penedides C. de les	67		**J13**
Peníscola C. de	13		**C24**
Penitents C. dels	8		**B15**
Penyal C. del	24		**D18**
Peracamps C. de	66		**J13-K13**
Perales T. de	19		**F10**
Pere Blai C. de	40		**H21-H22**
Pere Costa C. de	23		**E17**
Pere d'Artés C. de	25		**D20**
Pere II de Montcada C. de	6		**B11-C11**
Pere Falqués Pl. de	26		**F21**
Pere Joan C. de = 335	40		**H22**
Pere Llobet C. de	9		**C16**
Pere Moragues C. de	54		**J21-J22**
Pere Oller C. de = 336	40		**H22**
Pere Pau C. de	10		**C18**
Pere IV C. de	51-40		**J16-H21**
Pere Ripoll C. de	52		**J18-J19**
Pere Rodríguez Ptge. de	18		**E8**
Pere Sala C. de	23		**D16-D17**
Pere Serafí C. de	21		**E14**
Pere Terré i Domènech C. de	26		**F21**
Pere Vergés C.	40		**G22**
Perea C. de	9		**B16**
Perelló C. del	52		**K18-K19**
Pérez Galdós C. de	22		**E15-D15**
Perill C. del	22		**F15**
Periodistes C. dels	24		**E19**
Peris i Mencheta C. de	10		**C18**
Peris i Mencheta Ptge. de	10		**C18**
Perla C. de la	22		**E15**
Permanyer Ptge. de	36		**G14-G15**
Peronella C. de	26		**E21**
Perot Lo Lladre C. d'En	67		**J14** *N*
Perpinyà C. de	40		**J22-H22**
Perú C. del	38-39		**H18-H21**
Pes de la Palla Pl. del	62		**H13**
Pescadors C. dels	70		**L14-K15**
Pescadors Moll de	61		**L14**
Pescateria C. de la	69		**J15** *S*
Petons C. dels	69		**J15** *N*
Petra Kelly J. de	47		**K11** *N*
Petrarca C. de	10		**C18-C19**
Petritxol C. de	67		**J14** *N*
Petxina C. de la	67		**J13-J14**
Peu de la Creu C. del	62-63		**H13** *S*
Pi C. del	67		**J14**
Pi Pl. del	67		**J14**
Pi Plta. del	67		**J14**
Pi i Margall C. de	23		**E16**
Pi i Suñer Pl. de	64		**J14** *N*
Picalquers C. de	66		**J13**
Picasso Pg. de	69		**J15**
Pico i Campamar C. de	24		**D18**
Piera Ptge. de	20		**E11-F11**
Pietat C. de la	68		**J14** *N*
Piferrer C. de	26		**D21**
Pinar del Rio C. de	25		**E19**
Pineda C. de = 337	9		**C16**
Pinetell C. del	45		**J7**
Pinós C. de = 338	6		**C11**
Pins C. de = 341	11		**C19**
Pins de can Caralleu C. dels	5		**A11**
Pintor Alsamora C. del	25		**C20-D21**
Pintor Casas C. del	24		**D19**
Pintor Fortuny C. del	63		**H13-H14**
Pintor Gimeno C. del	21		**D13**
Pintor Josep Pinós C. del	10		**B19**
Pintor Mir C. del	24		**D19-C19**
Pintor Pahissa C. del	18		**E9**
Pintor Pradilla C. del	24		**D18**
Pintor Ribalta C. del	18		**D8-E8**
Pintor Tapiró C. del	18		**E8**
Pintor Tapiró Ptge. del	18		**E8**
Pintura C. de la = 342	9		**A17**
Pinyol Ptge. de	38		**G19**
Pinzón C. dels	50		**K15**
Piquer C. de	48-49		**J12-K12**
Piquer Ptge. de	53		**J19** *S*
Pirineu Espanyol C. del	11		**B19**
Pisaca Ptge. de	25		**D20**
Pistó C. del	38		**F18-G18**
Pisuerga C. del	18		**D8**
Pitàgores C. de	10		**C19**
Pitàgores Ptge. de	10		**C19**
Pius XII Pl. de	19		**D10**
Pizarro C. de	70		**K15**
Pla Ptge. de	36		**G15**
Pla de Fornells Parc del	12		**B22**
Pla de Miquel Tarradell	49-50		**K14**
Pla dels Cirerers C. dels	12		**B22-C22**
Plana Bda. de la	10		**C18**
Plana C. de la	10		**C18**
Plana Ptge. de la	10		**B18-C18**
Planell Ptge. de	20		**F11**
Planella C. dels	6-7		**B12-B13**
Planeta C. del	22		**E14-E15**
Plantada C. de	8		**B12**
Plata C. de la	68		**K14**
Platja d'Aro C. de la	13		**C23**
Plató C. de	21		**D13**

Plegamans C. de ....68 **J14** *S*
Plom C. del 45 **J7**
Plutó C. de 9 **B16**
Pobla de Lillet C. de la 19 **E10**
Poble Espanyol.....................................33 **H10**
   Alcalde de Zalamea C. del
   Alcalde de Mostoles C. del
   Aragonesa Pza.
   Arcos C. de los
   Avila Puerta de
   Buenaire Trav. del
   Bulas C. de las
   Caballeros C. de los
   Candil C. del
   Carmen Plazuela del
   Castellana Pza.
   Cervantes C. de
   Conquista C. de la
   Cordobes Patio
   Davallada La
   Fuente Pza. de la
   Hermandad Pza. de la
   Iglesia Plazuela de la
   Levante C. de
   Maestrazgo Trav. del
   Mayor Pza.
   Mercaders C. de
   Montblanc Puerta de
   Peñaflor Pza. de
   Prades Puerta de
   Principe de Viana C. del
   Rius y Taulet C. de
   Sangüesa Pórticos de
   Santiago Gradas de
   Tercio C. del
   Triste Rincón del
Poblenou Escullera del 51 **L16-L17**
Poblenou Parc del 52 **K18-K19**
Poblenou Rbla. del 52 **K18-J18**
Poblet C. de 18 **E8**
Poesia C. de la 9 **A17**
Poeta C. del 5 **A10**
Poeta Boscà Pl. del 70 **K15**
Poeta Cabanyes C. del 48 **J12**
Poeta Eduard Marquina J. del 20 **E12**
Poeta Masifern C. del 12 **C22**
Polònia C. de...23 **E17**
Polvorí Camí del....................................32 **H9**
Pom d'Or C. del = 343 ....68 **J14** *S*
Pomar C. de 23 **G9**
Pomaret C. de 6 **A12-C12**
Pompeu Fabra Av. de..............................23 **D16-E16**
Pompeu Gener Pl. de ....70 **K15** *S*
Ponce de León C. de 12 **C21**
Ponent Moll de......................................60 **L12**
Pons C. de 12 **C22**
Pons i Clerch Pl. de ....69 **J15** *S*
Pons i Gallarza C. de 26 **D21-E22**
Pons i Serra C. de 5 **B10-C10**
Pons i Subirà C. de = 344 ....52 **J19**
Pont C. de 26 **E22**
Pont de Sant Martí C. del 39 **F20**
Pont del Treball C. del 39 **F20-G21**

Pontevedra C. de 70 **L15**
Pontils C. de 45 **J7**
Pontons C. de 25 **D19**
Ponts de la Maquinista C. 27 **E23**
Porrera C. de..11 **B19**
Port de la Selva C. del 12 **C22**
Port Olímpic Parc del 51 **K17**
Port Vell Mirador del 50 **K14**
Porta C. de 25 **D20**
Porta Ptge. de 25 **D20**
Portadores C. de les = 347.....................68 **J14** *S*
Portaferrissa C. de la ....67 **J14** *N*
Portal de la Pau C. del 67 **K13**
Portal de l'Àngel Av. del 64 **J14-H14**
Portal Nou C. del ....69 **J15** *N*
Portal Santa Madrona C. del ....66-67 **K13** *N*
Portell C. del 9 **C16**
Portlligat C. de 12-13 **C22-C23**
Porto C. de 10 **B18-C18**
Portolà C. de 7 **C14**
Ports d'Europa Av. dels 57 **M3-N4**
Portugal C. de 25 **E20-F21**
Portugalete C. de 33 **G10**
Porxos Pl. dels 39 **H20**
Posoltega Ptge. de 27 **E22-E23**
Potosí C. de 27 **E23-E24**
Potosí Pg. de 27 **E23**
Pou C. del 12 **C22**
Pou de la Cadena C. del = 348 ....68 **J15** *N*
Pou de la Figuera C. del ....69 **J15** *N*
Pou de la Figuereta C. del = 349 ....69 **J15** *N*
Pou de la Riera C. del = 350 ....21 **F14**
Pou de L'Estanc C. del = 353 ....69 **J15** *S*
Pou de L'Estany C. del = 354 ....69 **J15** *S*
Pou Dolç C. del = 355 ....67 **J14** *S*
Prada C. de 40 **H22**
Praga C. de 23 **E17**
Prat Ctra. del 32 **H8**
Prat Pl. del 20 **E11**
Prat Rbla. del 21 **E14**
Prat de la Riba Pl. de 20 **D11**
Prat d'En Rull C. del 20 **E11**
Prats de Molló C. de 21 **D13**
Prats de Rei C. dels 13 **A22**
Prats i Roque C. de 25 **E19**
Premià C. de 33 **F10-G10**
Previsió Ptge. de la.................................40 **G21**
Prim Pl. de = 356 ....52 **K19**
Prim Ptge. de 54 **J22**
Prim Rbla. de 54-40 **K21-F21**
Primavera C. de la 13 **C23-D23**
Princep d'Astúries Av. del 21 **E14-D14**
Princep de Biana C. del 62 **H12-H13**
Princep de Girona J. del ....23 **F17** *N*
Princep d'Espanya Moll del.....................59 **L6-L7**
Princep Jordi C. del 34 **G11**
Princesa C. de la................................68-69 **J14-J15**
Priorat C. del 33 **G10**
Proclamació C. de la 70 **L15-K15**
Profeta C. del = 359 ....22 **F15**
Progrés C. del 22 **F15**
Provença C. de 34-38 **F11-G18**

Nombre/Nom	Plano n°	Plànol n°	Cuadrícula Coordenada
Provençals C. de		53-39	K20-G20
Providència C. de la		22-23	E15-E16
Pruit C. de		12	B22
Prunera Ptge. de		34	H11
Puerto Principe C. de		25	E19
Puig Aguilar Ptge. del		4	C8
Puig Castellar C. de		9	C17
Puig d'Ossa C. de		4	C8-C9
Puig i Cadafalch C. de		9	A17
Puig i Valls C. de		18	F8-F9
Puig i Xoriguer C. de		61	K12-K13
Puig Reig C. de		21	D14
Puigcerdà C. de		40	G21

Q

Nombre/Nom	Plano n°	Plànol n°	Cuadrícula Coordenada
Quarter de Simancas C. del		12	B21-B22
Quatre Camins C. dels		7	B13-B14
Queixans C. de		23	D17
Quer C. de = 362		11	C19
Queralbs C. de		26	D21
Querol C. de = 365		33	H10
Quesada C. de		12	B22

R

Nombre/Nom	Plano n°	Plànol n°	Cuadrícula Coordenada
Rabassa C. de		22	E15
Rabí Rubén C. del		33	H10
Ràbida C. de la		5	B10
Radas C. de		48	J11-J12
Radi C. del		32	H8
Rafael Batlle C. de		20	D11
Rafael Capdevila C. de		38	G18
Raimon Noguera Pl. de		69	J15
Rajoler C. del		10	C18
Rajolers C. dels		19	F10
Rambla La		67-63	K13-H14
Ramelleres C. de les		63	H13-H14
Ramiro de Maeztu C. de		23	D16
Ramis C. de		22	F15
Ramon Ptge. de		25	E19-F19
Ramon Albó C. de		25	E19-D19
Ramon Amadeu Pl. de		64	H14 S
Ramon Batlle C. de		26	E21
Ramon Berenguer el Gran Pl. de		68	J14 N
Ramon Berenguer el Vell C. de		66	J13 S
Ramon Calsina Pl. de		53	J20
Ramon Mas C. de		64	H14 S
Ramon Miquel i Planas C. de		6	B11-C11
Ramon Riera Pl. de		26	E22
Ramon Rocafull C. de		9	C17
Ramon Trias Fargas C. de		51	K16-J16
Ramon Turró C. de		51-53	J16-J20

Nombre/Nom	Plano n°	Plànol n°	Cuadrícula Coordenada
Puigcerdà Pl. de		40	H21
Puiggarí C. de		19	F10-F11
Puiggener C. de		38	G18
Puigmadrona Ptge. de		38	G18
Puigmal C. del		39	H19
Puigmartí C. de		22	F15
Pujades C. de		51-54	J16-J21
Pujades Pg. de		50-51	J15-J16
Pujol C. de		21	D13-C13
Pujolet Ptge. d'En		24	D18
Puríssima C. de la		9	B17
Puríssima Concepció C. de la = 361		48	J11
Putget C. del		21	D14

Nombre/Nom	Plano n°	Plànol n°	Cuadrícula Coordenada
Quetzal C. del		32	G8-G9
Quevedo C. de		22	F15
Química C. de la		32	H9
Quintana C. d'En		67	J14
Quintana Ptge. de		12	C22
Quito C. de		27	D24

Nombre/Nom	Plano n°	Plànol n°	Cuadrícula Coordenada
Ramon y Cajal C. de		22	E15-F16
Raset C. de		20-21	D12-D13
Rasos de Peguera Av. dels		13	A23-A24
Raspall Pl. del		22	F15
Ratés Ptge. de		37	H17
Rauric C. d'En		67	J14
Raval Rbla. del		49	J13
Ravella C. de		21	D13
Rec C. del		69	J15
Rec Comtal C. del		69	J15-H15
Recesvint C. de		26	D22
Rector Bruguera C. del		70	K15
Rector de Vallfogona C. del		39	G20
Rector Oliveras Ptge. del		36	G15
Rector Triadó C. del		33	G10-G11
Rector Ubach C. del		21	E13
Rector Voltà C. del = 367		6	C11
Rectoria C. de la		10	B19
Redemptor Ptge. del		23	E17
Regàs C. de		21	E14
Regent Mendieta C. del		18	E9
Regent Mendieta Ptge. de		18	E9
Regomir C. del		68	J14 S
Regomir Pl. del		68	J14 S
Rei Pl. del = 368		68	J14 N
Rei Martí C. del		33	G10
Reial Pl.		67	J14

Nombre/Nom	Plano n°	Plánol n°	Cuadrícula Coordenada
Reig i Bonet C. de	22		E16
Reina Amàlia C. de la	62		J12
Reina Cristina C. de la	68		K14-K15
Reina Elionor C. de la = 370	68		J14 S
Reina Elisenda de Montcada Pg. de la	6		C11
Reina Maria Cristina Av. de la	33		H10-H11
Reina Maria Cristina Pl. de la	19		D10
Reina Victòria C. de la	20		D12-E13
Reina Victòria J. de la	35		H14
Reixac C. de	54		J22
Rellotge Moll del	50		K14-L14
Rellotge Ptge. del	67		J14 S
Rembrandt C. de	10		B18-B19
Remei C. del	19		E10-E11
Renaixença C. de la	24		E18-E19
Renart C. de	26		D21
Renau C. de	45		J7
Repartidor C. del	22		D15
Repòs Pl. del	39		G20
República Argentina Av. de la	8-22		C14-D15
Requesens C. de	62		H13 S
Rera el Cementiri Vell Camí de	52		K18
Rera el Cementiri Vell Ptge. de	52		K18
Rera Palau C. de	69		J15 S
Rera Sant Just C. de = 371	68		J14 S
Residència C. de la	26		D22
Reus C. de	7		C13
Revolució de Setembre de 1868 Pl. de la	22		E15
Rialb C. de	25		D20-D21
Riba-roja C. de	11		B20-C20
Ribagorça C. de la	7		C13
Ribelles C. de	11		C19
Ribera C. de la	69		J15 S
Ribes C. de	36-37		H16-H17
Ribes Ctra. de	13		D23-C23
Ricard Canals Ptge.	25		D20
Ricard Zamora Pl. de	20		D11-E11
Ricardo Calvo C. de	7		C12-C13
Ricardo Villa C. de	20		D11
Ricart C. de = 372	34		H11
Riego C. de	33		F10-G10
Riells C. de	11		C20
Riera Alta C. de la	62		H13 S
Riera Baixa C. de la	66		J13 N
Riera de Sant Miquel C. de la	21		F14
Riera de Tena C. de la	32		G9
Riera de Vallarca C.	22		D15
Riera d'Horta C. de la	25		D20-E20
Riera d'Orta C. de la	40		F21
Riereta C. de la	66		J13
Rio de Janeiro Av. de	26		D20-D22
Ríos Rosas C. de	21		D14
Ripoll C. de	14		J14 N
Ripollès C. del	38		G18-F18
Ripollet C. de	13		B23-B24
Rita Bonnat C. de	20		E12-F12
Ritme C. del	9		A17
Riu de la Plata C. del	9		C16
Riu de l'Or C. del	6		C11-D11
Riudarenes C. de = 373	68		J14 S
Riudecanyes C. de	13		B23
Riudoms C. de	45		J7
Rius i Taulet Av. de	33		H10-H11
Rius i Taulet Pl. de	22		F14-F15
Rivadeneyra C. de	63		H14
Rivero Bda. de	10		C18
Rivero C. de	10		B18-C18
Robacols Ptge. de	38		G18
Robador C. d'En	66		J13
Robert Ptge. de	53		J20
Robert Gerhard C. de	20		D11
Robí C. del	22		E15
Robrenyo C. de	19		F10-F11
Roca C. d'En	67		J14 N
Roca Ptge. de	20		E11
Roca i Batlle C. de	7		C14-D14
Rocabertí C. de	6		C11
Rocabruna C. de	11		C20
Rocafort C. de	34		H12-F12
Rodes C. de	54		J22
Rodrigo Caro C. de	12		B22
Rodríguez C. de = 374	18		F9
Rogent C. de	38		F18-G18
Roger C. de	18		F9
Roger de Flor C. de	36		G16-F16
Roger de Flor Ptge. de	50-36		J16-F16
Roger de Llúria C. de	36		H15-F15
Roig C. d'En	66		J13-H13
Roig i Solé C. de	9		A17
Roine C. del	26		E21
Rois de Corella C. de = 377	40		H22
Rojals C. de	45		J7
Roma Av. de	34-35		G11-G13
Roma C. de	7		C14
Román Macaya C. de	7		B14-C14
Romaní C. de	12		B22
Romans C. de	23		E16-F16
Romeu C. de	8		B15-B16
Ròmul Bosch Ptge. de	22		F15
Roquetes C. de les	26		E21-E22
Ros Ptge. de	9		C16
Ros de Olano C. de	22		E14-E15
Rosa C. de la	67		J14 S
Rosa Leveroni Ptge	20		D11
Rosa Luxemburg J. de	10		B18
Rosa Sensat C. de	51		K17
Rosales C. de	6		C12
Rosalía de Castro C. de	23		F17
Rosari C. de	20		D11-D12
Rosella C. de la	8		B15
Roser C. del	48		J12
Roser Plta. del = 378	6		C11
Roserar Ptge. del	19		D10
Rosés C. de	19		F9-F10
Roses C. de	8		A15
Rosés Ptge. de	19		F9
Rosic C. d'En = 379	68		J14-J15 S
Rosell C. de	8		B16
Rosselló C. del	34-38		F11-F18
Rosselló i Porcel C. de	26		D21
Rossend Arús C. de	33		G9
Rossend Nobas C. de	38		G18

Nombre/Nom	Plano n°	Plànol n°	Cuadrícula Coordenada
Roura C. de	7		**B13**
Roura Ptge. de	24		**F18**
Rovira Ptge. de	52		**J19**
Rovira Túnel de la	23		**D17**
Rovira i Trias Pl. de	22		**E15**
Rovira i Virgili C. de	26		**E21**
Rubén Dario C. de	26		**D21-E21**
Rubens C. de	8		**C15**
Rubinstein C. de	21		**D13**
Rubió i Balaguer C. de	10		**B18**
Rubió i Lluch C. de	19		**D10**
Rubió i Lluch J. de	67		**J13** N
Rubió i Ors C. de	24		**E18-E19**
Ruíz de Padrón C. de	38		**F18-F19**
Rull C. d'En	67		**J14**
Rustullet Ptge. de	24		**F19**

S

Nombre/Nom	Plano n°	Plànol n°	Cuadrícula Coordenada
Sa Riera C. de	12		**C22**
Sa Tuna C. de	13		**C23**
Sabadell C. de	26		**F21**
Sabastida C. de	24		**D19**
Sabateret C. del	69		**J15** S
Sabino Arana C. de	19		**D10-E10**
Sacedón C. de	9		**C17**
Sadurní C. de	66		**J13**
Safareigs C. dels	70		**K15**
S'Agaró C. de	13		**C23**
Sagàs C. de	9		**A16**
Sagrada Família Pl. de la	37		**G16**
Sagrada Família Ptge. de la	23		**D16**
Sagrat Cor C. del	6		**C11**
Sagrera Bda. de la	39		**F20**
Sagrera C. de la	39-25		**F20-F21**
Sagristà Ptge. d'En	20		**F12**
Sagristans C. dels	68		**J14** N
Sagués C. de	21		**E13**
Sagués Ptge. de	38		**G19**
Sagunt C. de	32		**G9**
Sal C. de la	70		**K15**
Saladrigas Ptge. de	52		**J19**
Salamanca C. de	70		**L15-K15**
Saldes C. de	9		**A16**
Salern C. de	54		**J22**
Sales i Ferré C. de	24		**E18**
Saleta C. de la	19		**F10**
Salinas C. de	22		**E15**
Salomó C. de	27		**F23**
Salou C. de	33		**F10-G10**
Salses C. de	10		**B19**
Salvà C. de	48		**J12**
Salvado Riera Ptge. de	25		**E19**
Salvador C. dels	62		**J12-H12**
Salvador Alarma C. de	8		**B15**
Salvador Allende Pl. de	9		**C16**
Salvador Aulet C. de = 380	68		**J14** S
Salvador Espriu C. de	51		**K16-K17**
Salvador Mundi C. de	6		**C11**
Salvador Riera Pl. de	24		**E18**
Salvador Seguí Pl. de	66		**J13** N
Salvat Papasseit Pg. de	50		**K15**
Salze C. del = 383	9		**C16**
Samaniego C. de	9		**B16**
Samària C. de	8		**B15-B16**
Samsó C. de = 384	22		**F15**
San Rius Cami de	11		**A20**
Sancho de Avila C. de	37-38		**H17-H18**
Sancho Marraco C. de	48		**J11**
Sanet C. de = 385	27		**F23**
Sanjoanistes C. de	21		**E14**
Sanllehy Pl. de	23		**E16**
Sanpere i Miquel C. de	10		**C18**
Sant Adrià C. de	26-27		**E21-F23**
Sant Agustí C. de	22		**F15**
Sant Agustí Pl. de	67		**J13**
Sant Agustí Vell Pl. de	69		**J15** N
Sant Alexandre C. de	10		**C18-C19**
Sant Andreu Ra. de	26		**D21-E21**
Sant Antoni C. de	33		**F10**
Sant Antoni Rda. de	62		**H12-H13**
Sant Antoni Trv. de	22		**E14**
Sant Antoni Abat C. de	62		**H12-H13**
Sant Antoni Abat Ptge. de	34		**H12**
Sant Antoni dels Sombrerers C. de = 386	69		**J15** S
Sant Antoni Maria Claret C. de	22-25		**F15-F20**
Sant Baltasar C. de	32		**G9**
Sant Bartomeu C. de	66		**J13**
Sant Bartomeu de la Quadra Cost. de = 389	4		**B8**
Sant Benet Ptge. de	65		**H15** S
Sant Bernabé C. de	10		**B19**
Sant Bernat Ptge. de	62-63		**H13**
Sant Bernat Calvó Pl. de	52		**K19**
Sant Bertran C. de	66		**J13** S
Sant Bertran Moll de	61		**K12-K13**
Sant Bonaventura Cró de	63		**H14** S
Sant Camil C. de	8		**C15**
Sant Carles C. de	70		**K15-L15**
Sant Casimir C. de	20		**D12**
Sant Ciril C. de = 390	23		**E17**
Sant Climent C. de	62		**J13-H13**
Sant Crispí C. de	9		**C16**
Sant Crist C. del	33		**G10**
Sant Cristòfol C. de	21		**E14**
Sant Cristòfol Pl. de	32		**H8**
Sant Cugat Ctra. de	8		**B15-A15**
Sant Cugat Pl. de	69		**J15** N
Sant Cugat del Vallès C. de	22		**D15-D16**
Sant Dalmir C. de	9		**C17**
Sant Delfi C. de	7		**C13**

Sant Domènec C. de 21 **F14**
Sant Domènec de Santa Caterina
   C. de = 391 ....69 **J15** *N*
Sant Domènec del Call C. de ....67 **J14** *N*
Sant Elies C. de 21 **D13-E14**
Sant Elm C. de....................................70 **L14-K15**
Sant Eloi C. de 46 **J8**
Sant Erasme C. de 62 **H13**
Sant Eudald C. de 8 **C15**
Sant Eusebi C. de 21 **E13-E14**
Sant Felip Ptge. de 21 **D14**
Sant Felip Neri C. de = 392 ....67 **J14** *N*
Sant Felip Neri Pl. de ....67 **J14** *N*
Sant Feliu de Codines C. de 13 **A23-A24**
Sant Feliu de Guixols C. de = 395 ....18 **F9**
Sant Ferran C. de 25 **D19**
Sant Ferriol C. de.................................33 **H10**
Sant Francesc C. de 52 **K18-K19**
Sant Francesc Pg. de 4-5 **B9-B10**
Sant Francesc Plta. de ....21 **J14** *S*
Sant Francesc de Paula C. de = 396 ....64 **H14** *S*
Sant Francesc Xavier C. de 12 **C21**
Sant Francesc Xavier Pl. de 11 **C19**
Sant Frederic C. de 18 **F8-F9**
Sant Fructuós C. de 33 **H9-H10**
Sant Gabriel C. de...............................21 **F14-E14**
Sant Gaietà Pl. de 6 **C11**
Sant Gaudenci C. de 10 **B18-B19**
Sant Genís Camí de 9 **A16**
Sant Genis Pl. de 9 **A16**
Sant Genis a Horta Camí de 10 **B17-B18**
Sant Germà C. de 33 **H10**
Sant Gervasi Pg. de 7 **C13-C14**
Sant Gervasi de Cassoles C. de 7 **C13-D13**
Sant Gil C. de ....62 **H13** *S*
Sant Gregori Taumaturg Pl. de 20 **E12**
Sant Guillem C. de...............................21 **E14-D14**
Sant Hermenegild C. de 21 **D14**
Sant Hipòlit C. de 26 **D21-D22**
Sant Honorat C. de ....67 **J14** *N*
Sant Ignasi C. de 68 **J14**
Sant Ildefons C. de 26 **E21**
Sant Iscle C. de...................................25-11 **D20-C20**
Sant Iscle Ptge. de 11 **C20**
Sant Isidre C. de 48 **J11**
Sant Jacint C. de = 398 ....69 **J15** *N*
Sant Jaume Pl. de................................68 **J14**
Sant Jaume Ptge. de 9 **B17**
Sant Jaume Apòstol C. de 6 **A11**
Sant Joan Pg. de 36 **H15-F15**
Sant Joan Bosco Pg. de 20 **D11**
Sant Joan de Déu J. de 20 **E11**
Sant Joan de la Salle C. de....................7 **C13**
Sant Joan de Malta C. de 38 **J19-G19**
Sant Joaquim C. de 22 **E14**
Sant Joaquim Pl. de 21 **D14**
Sant Jordi C. de 33 **F9**
Sant Jordi Pl. de 33 **H9**
Sant Josep C. de 70 **K15**
Sant Josep Rbla. de 67 **J14**
Sant Josep Cottolengo C. de 23 **D16**
Sant Josep de Calassanç Pl. de 38 **F18**

Sant Josep de la Muntanya Av. de...........22 **D15-D16**
Sant Josep de la Muntanya
   Ptge. de 22 **D15**
Sant Josep Oriol C. de ....66 **J13** *N*
Sant Josep Oriol Pl. de 67 **J14**
Sant Just Pl. de 68 **J14**
Sant Liguori C. de 7 **C13-C14**
Sant Llàtzer C. de................................62 **H13-J13**
Sant Llàtzer Camí de 11 **A20-A21**
Sant Lluís C. de 22 **E15-E16**
Sant lu Pl. de = 397.............................68 **J14** *N*
Sant Luc Pl. de 8 **B15**
Sant Magí C. de 21 **D14**
Sant Manuel C. de = 401......................10 **C19**
Sant Marc C. de 21 **E14**
Sant Marià Bda. de 9 **C16**
Sant Marià C. de 26 **E21-D22**
Sant Màrius C. de 21 **D13**
Sant Martí C. de 66 **J13**
Sant Martí Parc de 39 **G20**
Sant Martí Rda. de 39-40 **G20-F21**
Sant Martí de Porres C. de 24 **D19**
Sant Mateu C. de 26 **E21**
Sant Maurici C. de = 402 ....33 **G10**
Sant Medir C. de 32 **F9**
Sant Miquel Bda. de.............................67 **J14**
Sant Miquel C. de 70 **L14-K15**
Sant Miquel Pl. de 67 **J14**
Sant Miquel Plta. de 21 **F14**
Sant Narcís C. de 26 **E21**
Sant Nicolau C. de 33 **G10-G11**
Sant Oleguer C. de 66 **J13**
Sant Onofre C. de 8 **B15**
Sant Pacià C. de 66 **J13**
Sant Pasqual Bailón C. de.....................25 **E20**
Sant Pau C. de 66-67 **J12-J13**
Sant Pau Ptge. de................................23 **F17**
Sant Pau Rda. de 62 **J12-H12**
Sant Paulí de Nola C. de 33 **H10**
Sant Pere C. de 24 **E19**
Sant Pere Pl. de ....65 **H15** *S*
Sant Pere Ptge. de 23 **E17**
Sant Pere Rda. de 64-65 **H14-H15**
Sant Pere Claver C. de 6 **B12**
Sant Pere d'Abanto C. de 33 **G10**
Sant Pere de Romanies
   C. de = 403 ....4 **C8-C9**
Sant Pere Martir C. de 21 **F14**
Sant Pere Més Alt C. de.........................64-65 **H15** *S*
Sant Pere Més Baix C. de ....68-69 **J15** *N*
Sant Pere Mitja C. de ....64-65 **J15** *N*
Sant Quintí C. de 24 **F18-E18**
Sant Quirze Safaja C. de 13 **A23**
Sant Rafael C. de.................................66 **J13**
Sant Ramon C. de 66 **J13**
Sant Ramon de Penyafort C. de..............54 **J22**
Sant Ramon Nonat Av. de 18 **E8**
Sant Ramon Nonat Ptge. de 18 **E8**
Sant Roc C. de 33 **G10**
Sant Salvador C. de 22 **E15-E16**
Sant Sebastià C. de 26 **E21**
Sant Sever C. de 68 **J14**

Nombre/Nom	Plano nº	Plànol nº	Cuadrícula Coordenada
Sant Simplici C. de = 404	68		**J14** *S*
Sant Tarsici Pas de = 405	25		**E19-E20**
Sant Tomàs C. de	10		**B18-C18**
Sant Vicenç C. de	62		**H13**
Sant Vicenç de Sarrià Pl. de	6		**C11**
Santa Agata C. de	22		**E14-E15**
Santa Albina C. de	9		**C16-C17**
Santa Amàlia C. de	10		**C18-C19**
Santa Amèlia C. de	19		**D10-D11**
Santa Amèlia Ptge. de	6		**A11**
Santa Anna C. de	63		**H14**
Santa Carolina C. de	23		**F17**
Santa Caterina C. de	33		**F10**
Santa Caterina Pl. de = 407	68		**J15** *N*
Santa Caterina Siena C. de	4		**C9**
Santa Cecília C. de	19		**F10**
Santa Clara Bda. de = 408	68		**J14** *N*
Santa Clotilde C. de = 409	22		**E15**
Santa Coloma C. de	26		**F21-E21**
Santa Coloma Camí de	27		**D24**
Santa Coloma Pg. de	27		**D23-D24**
Santa Creu C. de = 410	22		**E15**
Santa Dorotea C. de	33		**H10**
Santa Elena C. de	66		**J13**
Santa Elionor C. de	23		**D16**
Santa Engràcia C. de	12		**C21**
Santa Engràcia Pl. de	12		**C22**
Santa Eugènia C. de	21		**E14**
Santa Eulàlia Bda. de	67		**J14** *N*
Santa Eulàlia C. de	22		**F15**
Santa Eulàlia Pg. de	6		**B11**
Santa Eulàlia Pl. de = 413	25		**D19**
Santa Eulàlia Ptge. de	25		**E20**
Santa Fe C. de	25		**D19**
Santa Fe de Nou Mèxic C. de	20		**E12**
Santa Filomena C. de	6		**B11**
Santa Gemma C. de	9		**B16**
Santa Joana d'Arc C. de	10		**C18**
Santa Joaquima de Vedruna			
C. de = 414	24		**E19**
Santa Laura C. de	10		**C18**
Santa Llúcia C. de	68		**J14** *N*
Santa Lluïsa de Marillac C. de	70		**L15-K15**
Santa Madrona C. de	66		**J13** *S*
Santa Madrona Pg. de	47		**J10-J11**
Santa Madrona Pl. de	34		**H11**
Santa Magdalena C. de	22		**E14**
Santa Magdalena Sofia C. de	6		**B11**
Santa Margarida C. de	67		**J13**
Santa Maria C. de	69		**J15** *S*
Santa Maria Pl. de	68		**J15** *S*
Santa Maria de Villalba			
Ptge. de = 415	4		**B9**
Santa Marta C. de	26		**E22**
Santa Matilde C. de	25		**D19**
Santa Mònica C. de	67		**J13** *S*
Santa Mònica Rbla. de	67		**K13-J13**
Santa Otília C. de	9		**C17-D17**
Santa Peronella C. de	21		**E13**
Santa Perpètua C. de	22		**D15**
Santa Rosa C. de	22		**E14-E15**
Santa Rosalia C. de	9		**B16-C17**

Nombre/Nom	Plano nº	Plànol nº	Cuadrícula Coordenada
Santa Tecla C. de	22		**F14**
Santa Teresa C. de	21		**F14**
Santa Teresa Ptge. de	9		**C17**
Santa Ursula C. de	25		**D19**
Santaló C. de	21		**E13-D13**
Santander C. de	40		**F21-F23**
Santanyí C. de	25		**D20**
Santapau C. de	25		**D20**
Santes Creus C. de	10		**C18**
Santiago Rusiñol C. de	24		**D19**
Santissima Trinitat del Mont C. de	6		**A12-B12**
Santpedor C. de	6		**A12**
Sants C. de	18-33		**E8-G10**
Sants Pl. de	33		**F9-F10**
Santuari C. de	9		**C16-D17**
Santuaris Ptge. de	9		**C17**
Sao Paulo C. de	27		**E23**
Saragossa C. de	21		**E14-D14**
Sarasate C. de	20		**D11**
Sardana Pl. de la	60		**K11-K12**
Sardenya C. de	51-23		**J16-E16**
Sarjalet C. de	22		**D15**
Sarrià Av. de	20		**D11-F12**
Sarrià Pl. de	6		**C11**
Sarrià a Vallvidrera Ctra. de	6		**A11**
Sas C. de	27		**F23-E23**
Sàsser C. de	40		**H22**
Saturnino Calleja C. de	9		**B16**
Saumell Ptge. de	5		**B10**
Scala Dei C. de	11		**A19-B19**
Seca C. de la	69		**J15** *S*
Secretari Coloma C. del	23		**F16-E16**
Sedeta J. de la	23		**F16**
Segadors C. dels	26		**E22**
Segarra C. de la	26		**D22**
Segimon C. de	9		**C17**
Segle XX C. del	24		**D19-E19**
Segons Jocs Mediterranis			
C. dels = 416	34		**H11**
Segòvia C. de = 419	68		**J14** *N*
Segre C. del	26		**F21-E22**
Segur C. de	9		**B16**
Segura C. del	32		**H8-H9**
Selva C. de la	12		**C21**
Selva de Mar C. de la	53-39		**K20-G20**
Selva del Camp C. de la	39		**G20**
Semoleres C. de les = 420	68		**J15** *N*
Sena C. del	18		**E8**
Seneca C. de	21		**F14**
Senillosa Ptge. de	6		**C11-D11**
Sentis C. de = 421	27		**F23-F24**
Septimània C. de	21		**D14**
Sepúlveda C. de	34-35		**H11-H13**
Sequia C. de la	69		**J15**
Sequia Comtal C. de la	38		**G18**
Sequia Madriguera C. de la	27		**F23**
Sèrbia C. de	24		**E18**
Seròs C. de	27		**F23**
Serra C. d'En	67		**J14-K14**
Serra i Arola Ptge. de	33		**F10**
Serra i Hunter C. de	19		**D10**

Nombre/Nom	Plano n°	Plánol n°	Cuadrícula Coordenada
Serra Xic C. d'En = 422	69		J15 N
Serracant Ptge. de	53		J20
Serrahima Ptge. de = 425	48		J11
Serrallonga C. de	9		C17-C18
Serrano C. de	25		D19
Serrat C. del	45		J7
Sert Ptge. de	65		H15 S
Servet C. de	26		D21-D22
Setantí C. de	6		C11
Sevilla C. de	70		L14-K15
Sibelius C. de	38		G18
Sibilles J. de les	10		B18
Sibiuda C. de	54		J21-J22
Sicília C. de	37		H16-F16
Sidé C. de	68		J14-J15
Sidó C. de	9		B16
Sigüenza C. de	9		C17
Sigüenza Ptge. de	9		C17
Sils C. de	67		K14
Simó Ptge. de	37		F16
Simó Oller C. de	67		K14 N
Simón Bolívar Pg. de	33		H10
Sinaí C. de	9		B16
Sintra C. de	9		C17
Siracusa C. de	22		F15
Sitges C. de les	63		H14
Siurana C. de	8		A15
Sivatte Av. de	13		A24
Socors C. del	19		F9
Sòcrates C. de	26		E21
Sòcrates Ptge. de	26		E21
Sol C. del	22		E15
Sol Pl. del = 426	22		E15
Sol de Baix Pl. del	19		E10
Sol i Padrís C. de	6		B11-C11
Solà C. de	20		E11
Solanell Bda. de	8		C16
Solanes C. de	7		C14
Soledad Gustavo Pl. de	39		G20
Soler i Rovirosa C. de	38		G18
Soleya C. de la	46		J9
Sóller Pl. de	25		D20
Solsona Ptge. de	33		G9
Solsonès C. del	7		C13
Solsticis C. dels	38		H18
Sombrerers C. dels	68-69		J15 S
Sor Eulàlia d'Anzizu C. de	4-5		C9-C10
Sòria C. de	70		L15-K15
Sorolla C. de	9		A17
Sors C. de	22		E16
Sortidor Pl. del	48		J11-J12
Sospir C. del	38		F19-G19
Sospir Pg. = 427	38		G19
Sostres C. de	22		D15
Sot dels Paletes Pl. del	26		D22
Sota Muralla Pas de	68		K14-K15
Sots-tinent Navarro C. del	68		J14
Sovelles C. de	45		J7
Soweto C. de	32		H8
Subirats C. de	25		D19
Sud Moll del	47		L10
Suez Ptge de	57		M4
Sugranyes C. de	32		F9
Sulssa C. de	7		C14
Suñol i Gras C. de	13		C24
Súria C. de	32		G9
Tagamanent C. de	22		F15
Tajo C. del	10		C18-C19
Talaia Ptge. de la	5		A10
Tallada C. de la = 428	27		F23-F24
Tallers C. dels	63		H13-H14
Talsa Ptge. de	39		H20
Tamarit C. de	34		H11-H12
Tamariu C. de	13		C23
Tànger C. de	37-38		H17-H18
Tantarantana C. d'En	69		J15
Tàpies C. de les	66		J13
Tapineria C. de la	68		J14
Tapioles C. de	48		J12
Taquígraf Garriga C. del	19-20		E10-E12
Taquígraf Martí C. del	19		E10
Taquígraf Serra C. del	20		F11
Taradell C. de	9		C16
Tarba C. de	40		H22
Tàrent C. de	54		J22
Tarongeta C. de la = 431	68		J14 S
Tarragona C. de	34		G11
Tàrrega C. de	27		F23
Tàrrega Ptge. de	27		F23
Tarrós C. d'En	69		J15
Tasso Ptge. de	36		G15-G16
Taulat C. del	52-53		K18-K21
Taulat Pg de	53		K19-K21
Taulat Ptge. del	39		H20-H21
Tavern C. de	21		E13-D13
Taxdirt C. de	23		E16-E17
Teatre Pl. del	67		J13
Tècnica Av. de la	34		H11
Teià C. de	27		D24
Teide C. del	11		D19-C19
Teixonera Pl. de la = 432	9		C16
Telègraf C. del	24		E18
Tell C. de = 433	27		F23
Templaris C. dels	68		J14
Temple C. del	31		H7-J7
Tenerife C. de	23		E17-D17
Tenor Masini C. del	19		F9-F10
Tenor Viñas C. del	20		E12-E13

Nombre/Nom	Plano n	Plànol n	Cuadrícula Coordenada

Nombre/Nom	Plano n	Plànol n	Cuadrícula Coordenada
Teodor Bonaplata C. de	34		H11
Teodor Llorente C. de	24		E19-F19
Teodor Roviralta C. de	7		B14
Teodora Lamadrid C. de	7		C13-D13
Ter C. del	38		G18
Terç de la Mare de Déu de Montserrat C. del	41		F22-G23
Teresa de Cofrents C. de	12		C21
Terol C. de	22		E15
Terrassa C. de	22		F15
Terre C. de	6		B12
Tessàlia C. de	54		J22
Tetuan Pl. de	36		H15
Teulada C. de	40		H21
Tèxtil Ptge. del	39		H19-H20
Thous C. de	23		E17
Tiana C. de = 434	27		D24
Tiberíades C. de	9		A16
Tibidabo Av. del	7		C14-B14
Ticià C. de	8		C15-B15
Tigre C. del	62		H13
Til.lers Pg. dels	5		C10-D10
Timó C. de	68		J14 S
Tinent Coronel Valenzuela C. del	5-18		C9-D9
Tinent Costa Ptge. de	24		E19
Tinent Flomesta C. del.	32		F9
Tiradors C. dels = 437	69		J15 N
Tirant lo Blanc Pl.	51		K17
Tiro C. de	9		B16
Tirso C. de	9		C16
Tirso de Molina C. de	18		F9
Tissó C. d'En	12		C22
Toledo C. de	32		G9
Toledo Ptge. de	32		G9
Tolosa C. de	40		H22
Tolrà C. de	9		C17-C18
Tomàs Mieres C. de = 438	64		H14 S
Tomàs Padró C. de	38		F19
Tona Pl. de	8		C16
Tona Ptge. de	8		C15
Tonell C. del = 439	68		J14 S
Topazi C. del	22		E15
Topete C. de = 440	52		K19
Tòquio C. de	5		C10
Tòquio J. de	5		C10
Torà C. de	40		G21
Tordera C. de	22		F15
Torelló C.	9		B17
Torné C. de	13		C23
Torns C. de	18		F8
Torras i Bages Pg. de	26-27		E22-C23
Torras i Bages Ptge. de	6		B12
Torras i Pujalt C. de	21		D13-C13
Torre C. de la	21		E14
Torre Pl. de la	21		E14
Torre Baró Parc forestal	12		B22
Torre de Les Aigües J. de la	36		G15
Torre dels Coloms C. de la	46		J9
Torre dels Pardals C. de la	24		D19-E19
Torre d'En Damians C. de la	33		G10
Torre Dulac C. de la	23		D17

Nombre/Nom	Plano n	Plànol n	Cuadrícula Coordenada
Torre Llobeta Pl. de la = 443	25		D19
Torre Melina Camí de la	18		D8-C8
Torre Melina Ptge. de la	18		D7-D8
Torre Vélez C. de la	24		F18
Torrelles C. de	13		B23
Torrent de Can Piquer C. del	25		D20
Torrent de la Guineu Pg. del = 444	24		F19
Torrent de les Flors C. del	22		F15-E16
Torrent de les Roses C. del	4		B8-B9
Torrent de l'Estadella C. del	26		E22-F22
Torrent de l'Olla C. del	22		E15-D15
Torrent de Mariner C. del	23		F16
Torrent del Remei C. del	8-9		C16
Torrent d'en Vidalet C. del	22		F15-E15
Torrent Perera C. del	13		C24
Torres C. de	22		F15
Torres C. de les	12		B21-C22
Torres Ptge. de les	23		F16
Torres de Marina C. de	46		K8
Torres d'en Trinxant Ptge. de les = 445	38		G19
Torres i Amat C. de	62-63		H13 N
Torres i Clavé J. de	63		H13 N
Torretes Ptge. de les	5		A10
Torrevieja C. de = 446	51		K16
Torrijos C. de	22		E15
Torroella de Montgrí C. de	25		E20
Tort C. de	33		G9
Tortellà C. de	53		J19
Tortosa C. de	45		J7
Tossa C. de	10		C18
Tossal C. del	13		C23
Tradició C. de la	6		C11
Trafalgar C. de	64-65		H15
Tragí C. del	68		J14-J15
Traginers Pl. dels = 449	68		J14 S
Trajà C. de	32		H9
Trajana Via	40		F21-G22
Tramuntana C. de la	26		D22
Transversal Ptge.	20		F11
Trapani C. de	54		J22
Travau C. de	11		C19-C20
Travessera Ptge. de la	24		F18
Travessia C. de la = 450	22		D15
Treball C. del	53-39		J20-G20
Treball Ptge. del	53		J20
Tregurà C. de	45		J7
Trelawny C. de	51		K16
Tremp C. de	26		D22
Trens de la Maquinista C. dels	27		E23
Tres Creus C. de les	26		D21
Tres Llits C. dels	67		J14
Tres Pins C. dels	47		J10-K10
Tres Pins Camí dels	47		J9-J10
Tres Reis C. dels	6		B11
Tres Senyores C. de les	22		E15
Tres Torres C. de les	20		D12
Tres Xemeneies Parc de les	66		J13-K13
Trèvol C. del	24		D18
Triangle C. del = 451	69		J15 S
Trias i Giró C. de	4		C9-D9

Nombre/Nom	Plano nº	Plànol nº	Cuadrícula Coordenada
Trilla C. de	22		E14-E15
Trilla Pl. de	22		E14
Trillo C. de	9		C17
Trinitat C. de la	67		J14 S
Trinitat Pl. de la	13		C23
Trinitat Ptge. de la = 452	39		H20
Trinquet C. del	6		C11
Trinxant C. de	38-24		G19-F19
Tripó C. d'En = 456	69		J15 S
Trobador C. del	24		F18
Trompetes C. de les = 457	68		J14 S
Trompetes de Jaume I C. de les	68		J14
Trueba C. de	9		B16
Trullàs Ptge. de	51		J17-J18
Trullols C. de	8		B15
Tubella C. de	20		E11-F11
Tucumán C. de	27		D24-E24
Túria C. del	32		H9
Turó Blau C. del	12		C21
Turó de la Peira Parc de	11		C19
Turó de Monterols C. del	21		D13-D14
Turó de Monterols J. del	21		D13
Turó del Putget J. del	21		D14
Turó Rovira C. del	23		D17-D18
Turó Trinitat C. del	13		C23-C24
Turó Trinitat Pl. del = 458	13		C24
Turull Pg. de	8		C15-D15
Tuset C. de	21		F13-E13

Nombre/Nom	Plano nº	Plànol nº	Cuadrícula Coordenada
Ulldecona C. d'	45		J7
Unió C. de la	67		J13
Unió Pl. de la	52		J19
Unitat Parc de la	10		B19
Univers Pl. de l'	34		H11
Universal Pg.	11		B19
Universitat Pl. de la	63		H13
Universitat Rda. de la	63		H13-H14
Urani C. de l'	45		H7-J7
Ureña Pg. = 461	23		F17
Urquinaona Pl. d'	64		H14-H15
Urrutia Pg. d'	11		B19-C20
Uruguai C. de l' = 462	9		C16
Utset Ptge. d'	37		G17

V

Nombre/Nom	Plano nº	Plànol nº	Cuadrícula Coordenada
Vacarisses C. de	13		B23
Vadivia Pl. de	20		E11
València C. de	34-38		G11-G19
Valentí Almirall Pl. de	38		H18-H19
Valentí Iglesias C. de	26		D22
Valeri Serra Ptge. de	35		H13-G13
Valero C. dels	20		D12-E12
Valeta d'Arquer C. de	7		B13
Vall d'Aran C. de la	26		E21
Vall d'Aro C. de la	12		C22
Vall d'Hebron Parc	10		A18
Vall d'Hebron Pg. de la	8-11		B15-B20
Vall d'Hebron Pl. de la	8		B16
Vall D'Ordesa C. de la	10		C19
Vall Par C. de	8		B15
Valladolid C. de	33		F10
Vallbona Av. de	13		B24
Vallbona C. de	27		D24
Vallcivera C. de	13		A23-A24
Valldaura C. de	12		C22
Valldaura Pg. de	10-26		B19-D22
Valldemossa C. de	11		C20-D20
Valldonzella C. de	62-63		H13
Valldoreix C. de	22		D15
Vallès C. del	26		E21
Vallès Ptge. del	37		F17
Vallès i Ribot C. de	25		F20
Vallespir C. del	19		E10-F10
Vallfogona C. de	22		E15
Vallhonrat C. de	34		H11
Vallirana C. de	21		E14-D14
Vallmajor C. de	21		D13
Vallmitjana C. de = 463	52		K19
Valls C. de	33		H10
Valls Pg. de = 464	23		F17
Vallvidrera Av. de	6		A11-B11
Vallvidrera Camí de	6		A12
Vallvidrera Drec. de	6		A11
Vallvidrera Túnel de	6		A11
Valparaíso C. de	27		D24
Valseca C. de	23		E17
Valseca Ptge. de	23		E17
Vapor Vell Ptge. del	33		F10
Varsòvia C. de	24		E18-E19
Vayreda C. de	9		A16-A17
Vázquez Mella Pl. de	18		F9
Veciana C. de	8		B15-C16
Veguer C. del	68		J14 N
Vehils C. de	38		G19
Velázquez C. de	22		D15
Velia C. de	25		E20-D20
Vell de Sarrià Camí = 467	20		F12

Nombre/Nom — Plano n° — Plánol n° — Cuadrícula — Coordenada

Vendrell C. del 7 **C13-C14**
Venècia C. de 10 **B18-B19**
Veneçuela C. de 53 **J20-J21**
Venero C. de 52 **J18-J19**
Vent C. del 10 **C19**
Ventalló C. de 23 **F16-E16**
Ventura Gassol Pl. de 22 **D14**
Ventura Plaja C. de 18 **F8-F9**
Ventura Rodríguez C. de 10 **B18**
Venus C. de 22 **F15**
Veracruz Pl. de 27 **D24**
Verd Malva Ptge. 40 **G21**
Verd Maragda Ptge. 40 **G21**
Verda de la Prosteritat Pl. de 12 **C22**
Verdaguer i Callís C. de 64 **J14-H14**
Verdet C. del 26 **D22**
Verdi C. de 22 **D15-E15**
Verdum Pg. de 11 **C20**
Verdum Pl. del 12 **C21**
Verema C. de 24 **D18**
Verge C. de la 62 **H13**
Vergós C. dels 20 **D11-D12**
Vermell C. 69 **J15**
Verneda C. de la 38 **G19**
Verneda Camí de la 40 **G22**
Verneda Pg. de la 40 **F22-G22**
Verneda Pl. de la 40 **G21**
Verntallat C. de 22 **E15**
Verònica Pl. de la ....67 **J14** *S*
Vesuvi C. del 12 **C22**
Via Trajana A Ptge. de 40 **F22**
Via Trajana B Ptge. de 40 **F22**
Viada C. de 22 **E15**
Viadín Ptge. de 13 **C23-D23**
Viaducte Vallcarca C. de 8 **C15**
Vic C. de 21 **F14**
Vicaria C. de la 70 **K15**
Vicenç Martín Ptge. de 18 **E8**
Vicenç Martorell Pl. de 63 **H14**
Vicenç Montal Ptge. de 39 **H19**
Vicenç Montalt C. de 13 **C24**
Vicent López C. de 24 **D19**
Vico C. de 20-21 **D12-D13**
Víctor Balaguer Pl. de = 468 ....68 **J14** *S*
Victòria C. de la ....65 **H15** *S*
Vidal i Guasch C. de 12 **B22**
Vidal i Quadras C. de 6 **B11**
Vidal i Valenciano C. de 52 **K19**
Vidiella C. de 38 **G18**
Vidre C. del 67 **J14**
Vidriera Pl. de la 33 **G10**
Vidrieria C. de la ....69 **J15** *S*
Vidriol C. del 33 **G10**
Vigatans C. del 68 **J14-J15**
Vila de Madrid Pl. de la ....63 **H14** *S*
Vila i Rosell Ptge. de 10 **C18**
Vila i Vilà C. de 48-49 **J12-K13**
Vila Joiosa C. de la 70 **L15-K15**
Vila Real C. de 13 **C23**
Vila Seca C. de 11 **C19-C20**
Viladecans C. de 32 **G9**

Viladecavalls C. de 13 **B23**
Viladecols Bda. de ....68 **J14** *S*
Viladomat C. de 48-20 **J12-F12**
Viladrosa C. de 12 **C22**
Vilafranca C. de 22 **E15**
Vilageliu i Gavaldà C. de 46 **J8**
Vilalba dels Arcs C. de 11 **B20-C20**
Vilamajor C. de 27 **F23**
Vilamarí C. de 34 **H11-F11**
Vilamur C. de 20 **E11**
Vilana C. de 6-7 **C12-C13**
Vilanova Av. de 36 **H15-H16**
Vilapicina C. de 25 **D19**
Vilardell C. de 33 **G10**
Vilaret Ptge. de 37 **G17**
Vilarós C. de 21 **D13**
Vilassar C. de 32 **G9**
Vilatorta C. de 13 **A23**
Vilella C. de la = 469 ....27 **D24**
Villar C. de 24 **E18-F18**
Villarroel C. de 35-21 **H13-F13**
Villena C. de 51 **K16**
Vil.la Amelia J. de la 5 **D10-D11**
Vinaròs C. de 70 **L15-K15**
Vint-i-Sis de Gener 1641
   C. del 33 **G10**
Vintró C. de 26 **E21**
Vintró Ptge. de 38 **G18**
Vinya C. de la 24 **E18-F18**
Vinya Llarga C. de la 13 **C24**
Vinyals C. de 24 **E18**
Vinyar C. del 12 **C22**
Vinyassa Ptge. de la 51 **J17**
Vinyeta Ptge. de la 60-61 **K12**
Violant d'Hongria
   Reina d'Aragó C. de 18-19 **F9-F10**
Violeta C. de 8 **B15**
Virgili C. de 26 **F21-E21**
Viriat C. de 33 **F10-F11**
Virrei Amat Pl. del 25 **D20**
Virreina Pl. de la 22 **E15**
Virreina Ptge. de la ....67 **J13** *N*
Virtut C. de la 22 **E15**
Vista Bella C. de 7 **B13-B14**
Vistalegre C. de ....66 **J13** *N*
Volart Rbla. d'en 24 **E18-F18**
Voló C. del 26 **D21**
Volta de la Perdiu
   C. de = 473 ....68 **J14-J15** *N*
Volta del Remei
   C. de = 474 ....67 **J14** *N*
Volta dels Jueus C. de la 69 **J15**
Volta dels Tamborets
   C. de = 475 ....69 **J15** *S*
Volta d'En Bufanalla
   C. de = ...69 **J15** *S*
Volta d'En Colomines
   C. de = 479 ....68 **J14** *N*
Volta d'En Dusai C. de la = 480 ....69 **J15** *S*
Voltes d'En Cirés J. de les ....66 **J13** *S*
Voluntaris Olímpics Pl. dels 51 **K16**

W – X – Y

Nombre/Nom	Plano n°	Plànol n°	Cuadrícula Coordenada
Wagner Pl. de	20		E12
Walter Benjamin J. de	49		K13
Washington C. de	38		G18
Watt C. de	33		G10
Wellington C. de	51		K16-J16
Xaloc Moll de	51		L16-L17
Xandri C. d'En	26		D22
Xandri Pl. d'En	26		D21-D22
Xavier Nogués C. de	54		J21

Nombre/Nom	Plano n°	Plànol n°	Cuadrícula Coordenada
Xifré C. de	38		G18-F18
Xile Av. de	18		D8
Xile Ptge. de	18		E8
Xinxó Ptge. d'En	9		C17
Xipre C. de	54		J21
Xiprer C. del	24		F18-F19
Xiquets de Valls C. dels	22		E15
Xuclà C. d'En	63		H14-J14
Yucatán Ptge. de	57		M3

Z

Nombre/Nom	Plano n°	Cuadrícula Coordenada
Zamora C. de	51	J17-H17
Zona Franca		
Carrer A	57-45	L3-K7
Carrer B	57	L4
Carrer C	43	L4
Carrer D	56-43	L2-K4
Carrer E	42-43	L2-K4
Carrer F	42-43	K2-K3
Passatge H	56-57	L3
Carrer K	42	J2
Carrer L	42	H2-J2
Carrer M	42	H2-J2
Carrer Z	57	M4
Carrer n° 1	45	K7
Carrer n° 2	44-45	K6
Carrer n° 3	43-58	J4-L5
Carrer n° 4	43-57	J3-L4

Nombre/Nom	Plano n°	Cuadrícula Coordenada
Carrer n° 5	56-57	L3
Carrer n° 6	42-56	K2-L3
Carrer n° 11	42	H2-J2
Carrer n° 34	45	J6
Carrer n° 40	42	J2
Carrer n° 41	42	H2
Carrer n° 42	42-43	H3
Carrer n° 43	42	H2-H3
Carrer n° 50	43	J3-J4
Carrer n° 60	45	K6-K7
Carrer n° 61	45	K6
Carrer n° 62	45	K6-K7
Zona Franca		
Passeig de la	32-45	K7-H8
Zona Sud Moll de la	59	M8
Zuloaga C. de	9	A17
Zurbarán Pl. de	9	A17

BADALONA

Nombre/Nom	Plano n°	Plànol n°	Cuadrícula Coordenada
Alfons XIII Av. d'		27	G24
Aribau C.		27	G24
Artigas Pl.		27	G24
Balmes C. de		27	G24
Cardenal Vidal i Barraquer Av.		27	F24
Enric Granados C. d'		27	H24
Escorial C.		27	G24
Europa C. de l' = 481		27	G24
Generalitat Av. de la		27	F24-G24
Guasch C.		27	G24
Guifré C. de		27	H24
Joan XXIII Av. de		27	G24
Lleo Fontova C. de		27	G24
Lope de Vega C. de		27	F24
Madrid C. de		27	G24
Marconi Ptge. de		27	G24
Mariscal Cabanes C. de		27	G24
Niça C. de		27	F24
Paris C. de		27	G24
Pius XII Av. de		27	F24-G24
Primavera C. de la		27	H24
Princep d'Asturies C. del		27	H24
Rafael Casanova C. de		27	G24
Ramiro de Maeztu C. de = 482		27	G24
Salvador Dali Pl. de		27	F24
Sampere Ptge.		27	G24
Sanatori Av. del		27	F24
Santa Coloma Ctra. de		27	G24
Santiago C. de		27	G24
Siderurgia Pl. de la		41	H24
Simancas C. de		27	G24
Solidaritat Rbla. de la		27	F24-G24
Xile C. de		27	G24

CORNELLÀ DE LLOBREGAT

Nombre/Nom	Plano n°	Plànol n°	Cuadrícula Coordenada
Acacia C.		15	C3
Àlber C.		15	C4
Albert Einstein C.		14	D2-E2
Alfons Cuxart Pl.		15	C3
Almería C.		14	B2
Almirall Vierna C. de l'		14	C1
Almogàvers C. dels		15	D4
Alps Av. dels		14	C2-D2
Alps Ptge. dels		14	D2
Amadeu Vives C. d'		14	D1
Ametller C. de l'		14	C1
Andorra C.		15	C3
Àngel Guimerà Pl.		15	C3
Anoia C.		14	C2-D2
Anselm Clavé Rbla.		14	C1-D1
Antich Ptge.		14	D1
Antpnio Machado Pl.		15	C3
Arç C. de l'		15	C4
Arnau Mercader C. d'		15	E4
Arquitecte Adell Ferrer C. de l'		14	D1-D2
Arquitecte Calzada C. de l'		14	D2-D3
Avellaner C.		15	C3-C4
Avenir C. de l'		14	D1
Avet C. de l'		15	C4
Avet Pl. de l'		15	C4
Baix Llobregat Av. del		14	D1
Baltasar Oriol C. de		15	E2-E3
Bambú C.		15	C3
Barcelona C. de		14	C1-D1
Bedoll C. del		15	C3-C4
Bedoll Pl. del		15	C3
Begònia C.		15	C3
Bellaterra C.		14	C2
Berguedà C. del		15	C3
Boix C. del		15	C3
Bonavista C. de la		14	C2
Bonestar C.		14	C2-C3
Bonveí C. de		14	C2
Bruc C. del		15	C3
Buguenvíl:lea C.		15	C3
Buri C.		15	C3-D3
Busquets Ptge. de		14	E2
Cal Quitllet Camí de la		14	D2
Calderón de la Barca C. de		15	D4
Camelia C.		15	C4
Camp Ptge. del		14	D2
Campeasso C.		15	C3
Campfasso Pl.		14	C3
Campoamor C. de		14	C1
Campsa Pg. de la		15	E4
Caoba C.		15	C4-D4
Capità Cortès C. del		14	C1
Carmen Amaya Pl.		15	C4
Castanyer C. de		15	C4
Catalans C.		15	C3
Catalunya C. de		14	C2
Catalunya Pl. de		14	C3
Cedre C.		15	C4
Cerdanya C. de		14	D1
Cinema Bel C.		14	C1
Cirerers C. dels		15	C4
Cobalt C.		29	E3-F4
Córdoba C. de		14	B3
Cornellà Modern C. de		14-15	C2-C3

Nombre/Nom | Plano n° | Plànol n° | Cuadrícula | Coordenada

Cortada Pl. dels 14 **C3**
Costa Brava C. de la 14 **C2**
Coure C. del 15 **E3-E4**
Cristòfor Llargues C. de 15 **C3**
Crom C. del 15 **E4**
Dàlia C. de la 15 **D3**
Delicies C. les 14 **C2**
Delicies Pl. les 14 **C2**
Delicies Ptge. les 14 **C2**
Desmai C. 15 **D3**
Doctor Carulla C. del 14 **C1-C2**
Doctor Ferran C. del 14 **C3**
Doctor Ferran Ptge. del 14 **C3**
Doctor Joan Arús C. del 15 **D3**
Doctor Martí i Julià C. del 14 **C1**
Dolçamara C. 15 **D3**
Dolors Almeda C. de 14 **D3-E2**
Domènech i Montaner C. de 15 **B3-C3**
Eduard Gibert C. d' 14 **D1-D2**
Emilio Alcalá Galiano C. d' 14 **E2**
Empordà C. de l' 14 **D3**
Enamorats Pl. dels 14 **C1**
Energia C. de l'............................15-29 **E4-F3**
Enric Mora Racó d' 14 **C1**
Església Pl. de l' 14 **C1**
Esplugues Ctra. d' 14-15 **C2-C4**
Estació Pl. de l' 14 **C2**
Europa Pl. d' 15 **D3**
Fama Av. de la 14-28 **D2-F2**
Feliu i Codina C. de..........................14 **B3**
Fèlix Just Oliveras C. de 15 **C3**
FF.CC. Pg.dels 14 **C1-D2**
Filipines C. de les 14 **C1**
Flor de Nit C. de la 15 **D3**
Florida C. de la 14 **C2**
Flors Av. de les 14 **B3**
Francesc Layret C. de 14 **D1**
Francesc Layret Ptge. de 14 **D1**
Francesc Macia Pl. 14 **C1**
Francesc Moragas C. de 14 **D1**
Frederic Soler C. de.....................14-15 **C2-C3**
Freixe C. de.....................................15 **D3**
Futbol C. 14 **D1**
Galicia Pl. 15 **C3**
Garraf C. 15 **C3**
Garrigues C. les 15 **C4**
Garrofer C. del 15 **C3**
Garrotxa C. de la 15 **E3**
General Manso C. del 14 **D1**
General Prim C. del 14 **C2**
Gerd C. del 15 **D3**
Girona Av. de 14 **D2-E3**
Granada C. de la 14 **B2**
Grup Llobregat Ptge.........................15 **B3**
Gustavo A. Becquer
   C. de = 483 ....14 **C1**
Hermenegild Goula C. de 14 **C2-C3**
Hospitalet Ctra. de l' 14-15 **D2-E4**
Huescar Ptge....................................14 **B1-B2**
Ignasi Iglesias C. d' 14 **B2-C2**
Infanta Parc de la.............................14 **B1**

Isaac Albèniz C. d' 15 **D4**
Isaac Peral C. d' 14 **C2**
Iscle Soler C. d' 15 **B3-C3**
Jacinto Guerrero C. de 15 **C3**
Jaén C. de 14 **B2**
Jaume Casas Pallarols C. de 14 **C1-C2**
Joan Fernàndez C. de 14 **B3-C2**
Joan Fiveller C. de 14 **D1**
Joan Maragall C. de 14 **C2**
Joan Miró Pl. 15 **E3**
José Canalejas C. de = 484 ....14 **D1**
Josep Cuxart C. de............................14 **C2-D2**
Josep Fiter C. de 14 **B2-C3**
Josep Fiter Ptge. de 14 **B3-C2**
Josep Gelabert Ptge. de 14 **C1**
Josep Masgrau C. de....................14-15 **C3**
Josep Recort C. 14 **C1**
Josep Tarradellas Pl. 14 **C2**
Juan de Padilla C. de 15 **D3-E4**
Lepanto C. de 14 **E2-E3**
Lindavista Pl. 14 **D2**
Línia Elèctrica Av. 15 **C3-C4**
Lleó XIIIè C. de 14 **E2**
Llibertat Pl. de la 14 **D2**
Llinars C. de 15 **C3**
Llobregat C. de = 485 ....14 **C2**
Lluís Companys Pl. de 14 **C1-D1**
Lluís Muntadas C. de 14 **C2**
Lluneta C. de la 15 **D3**
Màlaga C. de 14 **B3**
Màlaga Ptge. de 14 **B3**
Manuel de Lasarte C. de....................14 **C1**
Manuel Mariné C. de 15 **C3**
Marcelino Menéndez y Pelayo
   C. de 14 **C1-D2**
Mare de Déu de Montserrat
   C. de la 14 **D1**
Maresme Av. del 14 **E2-E3**
Marfull C. 15 **D3**
Maria Aurelia Capmany C. de 14 **B1**
Marià Fortuny C. de 14 **D2-E3**
Mariano Benlliure C. de 14 **B3**
Mariano Thomas C. de 15 **C3**
Marquès de Cornellà C. del 14 **C1-D1**
Marsans Pl. de 14 **C2**
Mary Santpere Pl. de 14 **C1**
Mateu Oliva Ptge. de 15 **B3**
Mercader Parc de 15 **D3**
Merce Rodoreda C. 14 **B1**
Mercuri C...28 **E3-F2**
Mig Ctra. del....................................29 **F3**
Miquel de Cervantes C. de 14 **B2-B3**
Miquel de Roncalí C. de 14 **C1**
Miranda C. la 14 **C2-C3**
Miranda Ptge. la 14 **C3**
Montsià C. 14 **D2**
Mossèn Andreu C. de 15 **C3**
Mossèn Jacint Verdaguer C. de 14 **C1-D2**
Mossèn Jaume Solé C. de 14 **C2-C3**
Mossèn Joaquim Palet C. de 14 **C2**
Múrcia C. de.....................................14 **B2**

Nombre/Nom — Plano nº / Plànol nº / Cuadrícula / Coordenada

Murillo C. de 14 C1
Narcís Monturiol C. de 14 C1
Noguera C. de la 14 E3
Olivar C. d' 15 B4-C4
Orioles C. les..14 C3
Osona C. d' 15 C3
Pablo Picasso Av. de 14 E3
Pallars Pl. de 14 B3
Palma de Mallorca
    C. de la 14 C2
Parc Av. del..14 C2-C3
Pare Lleonart Pl. del 14 D2-D3
Pare Marchena C. del 14 C2
Pau J. de la 15 E4
Pau Ptge. de la 15 E4
Pau Casals Pl. de 14 C2-C3
Pius XII C. de 14 C1
Plàsmica Ptge. 14 C2
Pompeu i Fabra C. 14 C1
Porta Diagonal Av....................................15 E3
Prat Ctra. del 14-28 D2-E1
Prat de la Riba Pl. 14 C2
Presseguer C. del 15 D3
Progrés C. del 14 E1-E2
Puigcerdà Pl. de 14 D1-D2
Quatre Camins Pl. dels 14 C1
Quintana Millars C. 14 D2-D3
Ramón i Cajal C. de 14 D1
Ramón Sala C. de 14 D1
Ramoneda C. 15 C3
República Argentina
    Av. de la 15 C3-D4
Reus Pl. de..14 D3
Revol Negre C. 14 C1
Ribagorça C. de la....................................15 C3
Ribera Parc 14 D1
Riereta C. de la 14 D1
Rios Rosas C. de 15 D3-E3
Ripollès C. del 15 B3
Rius i Taulet C. de 14 D2
Rosa C. de la 15 C3
Rosalía de Castro Pl. de 15 C3
Rosers Pl. dels 14 D2
Rosers Ptge. dels 15 B3-B4
Rosselló C. de 15 E3-E4
Rubió i Ors C. de......................................14 C1-D2
Salamanca Ptge. de 15 D3-E3
Salvador Allende Av. de 14-15 C2-D4

Nombre/Nom — Plano nº / Plànol nº / Cuadrícula / Coordenada

Salvador Dali C. 15 E3
Sant Bernat de Menthon
    C. de = 486 ....14 C1
Sant Boi Ctra. de 14 C1
Sant Ferran Av. de 14-28 D2-E2
Sant Ildefons Av. de 15 C4-D3
Sant Ildefons Pl. de..................................15 D3-D4
Sant Isidre C. de 14 D1
Sant Jeroni C. de 14 D1
Sant Joan Despí Ctra. de 14 B1-C1
Sant Lluís C. de 14 D1
Sant Lluís Ptge de 14 D1
Sant Vicenç Ferrer C. de..........................14 E2-E3
Santa Missió Pl de la 14 C2
Sardana Pl. de la 14 D1
Segarra C. de la 15 C4
Segrià C. 14 D2
Selva Ptge. de la 14 D2
Sevilla C. de 14 B2
Silici C. de 15-29 E3-F3
Sol Pl. del 15 C3
Solanes Rbla. de 15 D4-E4
Sorral del Riu C. 14 D1
Tam-Tam Pl. 14 D1
Tàrrega Pl. de 14 D2-D3
Teodor Lacalle C. de 14 E3
Tierno Galvan C. 2 C6
Tirso de Molina C. de................................14 E1-E2
Torras i Bages C. de 14-15 C2-B3
Transformador C. del 14 C1
Travessera C. de la 15 C3
Treball C. 28 E2
Urbanització Palou C................................15 C4
Urgell C. d' 14 C2-D3
Vall d'Aran C. de la..................................14 E2-E3
Vallès C. de 14 D2
Veguería C. 15 B3-C3
Velázquez C. de 14 C1
Vell d'Esplugues Camí = 487 ....15 B3
Verge de la Paloma C. de la.....................15 C4
Verge del Pilar C. de la 14 C1-C2
Verge del Pilar Pl. de la 15 D3
Vicenç Llivina C. de 14 C2
Victor Pradera C. de 14 D2
Villamil Ptge. 14 D2
Vil.la Júlia Ptge. 14 D2
Vistalegre C. de 14-15 C2-C3
Xiprer C. del 15 C4-D4

ESPLUGUES DE LLOBREGAT

Nombre/Nom	Plano n°	Plánol n°	Cuadrícula	Coordenada

Ahrensburg Av. ...3 **C7**
Albert Magne C. d' ...2 **C5**
Alegría C. de l' ...2 **C5**
Alexandre Gall Ptge. d' = 488 ...2 **B5**
Alexandre Soler i March C. d' ...3 **B7**
Amadeu Vives C. d' ...4 **B8**
Ametllers C. dels ...2 **C4**
Amistat C. de l' ...4 **B8**
Andreu Amat C. d' ...2 **B5-B6**
Anel.les Mestres C. d' ...3 **B7**
Angel Guimerà C. d' ...2 **B4-B5**
Angels C. dels ...3 **A7-B6**
Antón Fortuny C. d' ...2 **B5**
Antoni Gaudí C. d' ...16 **D6**
August Font i Carreras C. d' ...3 **B6-B7**
Aurelia Capmany C. ...2 **C6**
Ave Maria C. de l' ...16 **D5-D6**
Baix Lloc Ptge. del ...2 **B6**
Baronessa de Maldà C. de la ...2 **B4-B5**
Bartomeu Bermerjo C. de ...3 **B7**
Blas Infante Pl. ...16 **D6**
Bonavista C. de la ...4 **C8**
Bóvila Pl. de la ...17 **D6**
Bruc C. del ...2 **C4-C5**
Caietà Faura C. de ...3 **B6-C7**
Can Boixeres Camí de la ...16 **C5-D5**
Can Dori C. de ...2 **A6-B6**
Can Vidalet Parc de ...3 **C6**
Canigó Ronda del ...2 **B6**
Caquis C. del ...3 **C6**
Carme C. del ...2 **C5**
Casal Sant Jordi C. del ...3 **C7**
Cedres C. de la ...17 **C6-D6**
Ciutat de l'Hospitalet Av. de la ...16 **C6-D5**
Concordia J. de la ...2 **C4**
Constància C. de la ...2 **C6**
Constitució Pl.de la ...3 **B6**
Cornellà Ctra. de ...2 **B5-C4**
Creu del Raval C. ...3 **B6**
Diaz de las Fuentes C. de ...3 **B7-B8**
Doctor Alexandre Fleming C. del ...3 **A6**
Doctor Ferràn C. del ...3 **A7**
Doctor Gimeno C. del ...3 **A6-A7**
Doctor Manuel Riera C. del ...2 **C5**
Doctor Pouplana Av. del ...3 **B7**
Doctor Ramón Turró C. del ...2 **B5**
Doctor Ribalta Av. del ...2 **A5-B5**
Domingo Ptge. de ...2 **C4**
Dona Pl. de la ...2 **C6**
Doña Carolina Pl. de ...3 **B7**
Eduard Toldrà C. d' ...2 **B5**
Emili Juncadella C. d' ...2 **B5-B6**
Enric Granados C. d' ...15 **B4**
Enric Morera C. d' ...2 **B4**
Escaletes C. de les ...3 **B6**

Escorxador Pl. de l' ...2 **C6**
Església C. de l' ...2 **B6**
Esmeragda C. de l' ...2 **C5**
Esport C. de l' ...2 **C5-C6**
Est C. de l' ...3 **A7**
Eucaliptus C. de l' ...17 **C6-D6**
Ferrer i Bassa C. de ...3 **B7**
Finestrelles C. de ...4 **B8-C8**
Flors C. de les ...3 **A6**
Fontsanta Av. de la ...2 **B5**
Francesc Layret C. de ...2 **C4**
Francesc Llunell C. de ...2 **C5**
Francesc Macià i Llussà Pl. de ...2 **B6**
Francesc Moragas C. de ...2 **B5**
Francesc Ribalta C. de ...3 **A7**
Francesc Romeo C. de ...3 **C7-C8**
Frontó C. del ...3 **A7**
Fuenteventura C. de ...4 **B8**
Gall C. del ...2 **B4**
Gaspar Fàbregas C. de ...2 **B4-B5**
Germans Serra C. dels ...3 **B6-B7**
Ginesta C. ...4 **B8**
Glicines C. de les ...17 **D6**
Hortènsia C. de l' ...16 **D6**
Ignasi Iglesias C. d' ...2 **B5**
Isaac Albéniz C. d' ...2 **B4**
Isidre Martí Av. d' ...2 **B5**
Jacint Benavente Pl. de ...3 **C6-C7**
Jacint Esteva Fontanet Av. de ...3 **B6-C7**
Jaume Huguet C. de ...3 **B6-B7**
Jaume Balmes C. de ...3 **A6**
Jaume Marco C. de ...3 **A7**
Jaume Pros C. de ...17 **D6**
Joan Miró C. de ...3 **B7-C8**
Joan Amades C. de ...2 **C4**
Joan Brillas Ptge. de ...2 **B5**
Joan de la Cierva C. de ...3 **C7**
Joan XXIII C. de ...2 **C4**
Jocs Florals C. dels ...2 **C6-D6**
Jordi de Déu C. de ...3 **A7**
Josep Anguera i Sala C. de ...3 **B7**
Josep Anselm Clavé C. de ...2 **C5-C6**
Josep Argemí C. de ...2 **B4-C4**
Josep Campreciós C. de ...2 **B5**
Josep Echegaray C. de ...3 **A7-A8**
Josep Gras C. de ...16 **D6**
Josep Mª Pujol C. de ...3 **B7**
Josep Mª Ventura C. de ...2 **B5**
Josep Miquel Quintana C. de ...2 **C5**
Josep Puig i Cadafalch C. de ...2 **B5-B6**
Josep Rodoreda C. de ...2 **B4-B5**
Juli Culebras i Barba C. ...2-3 **B6**
Juli Garreta C. de ...2 **B4-B5**
Laureà Miró C. de ...2 **B5-C6**
Ll. Doménechi Montaner C. ...3 **B6**

Nombre/Nom	Plano nº / Plánol nº	Cuadrícula / Coordenada
Lleialtat C. de la	2	C6
Lleons C. dels	3	B7
Llevant C. de	16	D5
Lluís Borrassà C. de	3	B6
Lluís Companys Av. de	3	B6
Lluís Labarta C. de	3	B7
Lluís Millet C. de	2	B4-B5
Llunell C.	2	C5
Macael Pl. de	16	D6
Magdalena Amigó C. de	2	A5-B5
Magnòlies C. de les	17	C6-D6
Mahatma Gandi Pl.	2	C5
Maladeta C. de la	16	D6
Manuel de Falla C. de	2	B4
Manuel Florentín Perez C. de	3	B7
Mar C. del	16	D5
Maria Guillén Glorista de	2	C5
Marinada C. de la	15	C4
Marquès d'Espanya C. del	2	C5
Melcior Llavinés C. de	3	B6-C6
Menta C. de la	16	D6
Mestre Joan Corrales C. del	2	C5
Mestre Joaquim Rosal C. del	2	B5
Milà i Pi C. de	2	B5
Miramar C. de	2	C6
Miranda Av. de la	3	A7-B6
Mireia Pl. de	4	A8
Molí C. del	3-16	C6-D6
Montesa C.	15	C4
Montserrat C. de	2	B6
Montserrat Roig C.	2	B6
Moreres Pl. de les	2	B6
Mossén Esteve Carbonell C. de	3	B7
Mossén Jacint Verdaguer C. de	2	B5
Muntanyenca Av. de la	4	B8
Narcis Monturiol C. de	2	C5
Nord C. del	2	A6-B5
Nostra Senyora de Lourdes C. de	3	A6
Nou C. del	2	B5
11 de Setembre Parc del	2	C5
Oriol C. d'	2	C5
Països Catalans Av. dels	3	C6
Pare Miquel d'Esplugues Pl. del	3	B6
Pau C. de la	2	C6
Pau Casals C. de	3	C7-C8
Pau Clarís C. de	2	C6
Pau Ruiz Picasso C. de	16	D6
Pau Torres C. de	2	C6
Pau Vergós C. de	3	A8-B7
Pau Vila Pl. de	4	B8
Pere Berruguete C. de	3	A7-B7
Pere Galvany C. de	16	D6
Pere Joan C. de	3	A7
Pere Pelegrí C. de	16	D5-D6
Picalqués C. de	3	A7
Piles C. de les	2	B6
Pins C. dels	4	B8-C8
Piscina C. de la	3	A6
Pompeu i Fabra Parc de	4	B8
Pou d'en Felix Parc del	2	B5
Priorat C. del	2	C4
Professor Barraquer C. del	2	B7-C8
Pubilla Casas C. de la	16-17	D6
Puig d'Ossa Ptge. del	2	B6
Puigmal Ronda del	2	B6
Rafael Casanova i Comos C. de	2	B5-B6
Rafael Sebastià Ira C. de	2	C5-C6
Rajoleria C.	2	B6
Ramón Casas Ptge. de	16	D6
Ramón Llull C.	3	A7-B7
Raval de Sant Mateu C.	3	B6
Riba C. de la	2	C6
Ricard Güell C. de	16	D5-D6
Riereta C. de la	2	B5-B6
Rocabert C. de	4	C8
Ronda de Dalt C.	28-4	F3-C8
Rosella C. de la	3	A6-A7
Rovellat C. de	2	C5
Sabina Mitjavila C. de	15	C4-B4
Sant Albert Magne C. de	2	C5
Sant Antoni Maria Claret C. de	15	C4-C5
Sant Francesc Xavier C. de	2	B5
Sant Gabriel C. de	2	C4
Sant Joan de Déu C. de	4	C8
Sant Joaquim Ptge. de	2	C5
Sant Jordi C. de	2	C4-C5
Sant Josep C. de	2	C6
Sant Llorenç C. de	3	C6
Sant Lluis de Gonzaga Pl. de	2	C6
Sant Mateu C. de	3	C7
Sant Salvador C. de	2	C5
Santa Anna C. de	3	A6-A7
Santa Eulàlia Ptge. de	2	C4-C5
Santa Magdalena Pl. de	2	B6
Santa Rosa C. de	4	C8
Santiago Ramón y Cajal C. de	2	B5-C5
Santiago Rusiñol C. de	2	B5
Sardana Pl. de la	2	B5-C5
Secretari Oliva Pl. de	3	A6
Serra del Cadí C.	17	D6
Serra del Montsec C. de la	2	C4
Sever Ochoa C. de	2	C5
Sol Pl. del	2	C5
Solidaritat Parc de la	2	C6
Sometents C. dels	3	B6-C6
Tenerife C. de	4	B8-C8
Tomás Bretón C. de	2	B5
Torrent Av. del	3	C6-D6
Traginers Av. dels	4	B8
Tramuntana C. de la	3	A7
Vallerona C. de la	2	C5
Verge de Guadalupe C. de la	2	C5
Verge de la Mercè C. de la	16-17	D6
Verge de la Paloma C. de la	15	C4
Via Augusta C. de la	2-3	A6-B6
Vic C. de	2	C5
Vicenç Bou C. de	2	B5
Vidal i Ribas C. de	2	C6
Vinya C. de la	2	B5
Xaloc Ptge. del	3	A7

L'HOSPITALET DE LLOBREGAT

Nombre/Nom — Plano n° / Plànol n° — Cuadrícula — Coordenada

Nombre/Nom	Plano n°/Plànol n°	Cuadrícula Coordenada
Abedul C. de l'	17	E6
Abundància C. de l'	30	H5
Acer C. de l'	31	H7
Aigües del Llobregat C. de les	17	D6-D7
Ajuntament Pl. de l'	15	E4-E5
Alacant C. d'	17	E7
Albéniz C. d'	17	D7
Albereda C. d'	17	F7-F8
Albert Bastardas Av. d'	17	D7
Albiol C. d'	17	E7
Alegria C. de l'	17	E7
Alhambra C. de l'	31	G7
Alhambra Parc de l'	31	G7-G8
Almadén C. d'	16	E5-E6
Almeria C. d'	17	E7-F7
Alòs C. d'	17	F7
Alòs Ptge. d'	17	F7
Alt C.	15	D4
Álvarez de Castro C. d'	15	E4-D4
Alzina Pl. de l'	17	D6
Amadeu Torner C. d'	31	F7-G6
Amadeu Vives C. d'	17	D6-D7
Amàlia Ptge. d'	30	G6
Amapolas C. de les	16-17	D6
Amat Ptge. d'	18	E8
Amèrica C. d'	30	G5
Ametller C. de l'	15	D4-D5
Amistat C. de l'	17	F7
Andorra C. d'	16	D6
Àngel Guimerà C. d'	31	F7-G7
Antiga Travessera de l'	17	D7
Antonio Machado C. d'	17	E7
Antonio Machado J. d'	16	D6-E6
Aprestadora C. de l'	30-31	G6-G8
Arquímedes C. d'	29	F3
Arquitectura C. de l'	32	H8
Arts i Els Oficis C. de les	16	F5
Atlàntida C. de l'	17	E7
Aviació C. de l'	16	D5
Avis Pl. dels	32	G8
Bacardí C. de	31	G7
Badajoz C. de	16	D5
Badalona C. de	31	G7
Baix C.	16	D5
Baquer C. de	18	E8
Barcelona C. de	16	E4-E5
Baró de Maldà C. del	16	E5
Batllori C. de	17	F6
Belchite C. de	17	D6-D7
Bellavista C. de	15	E4
Bellvitge Parc de	29	G4
Bellvitge Pg.	30	G5
Bernini C. de	16	D5
Besa C. de	18	E8
Bisbal C. de la	16	D5
Blanchart Ptge. de	16	E5

Nombre/Nom	Plano n°/Plànol n°	Cuadrícula Coordenada
Blas Fernández Lirola C. de	31	G7
Blas Infante Pl. de	17	E7-F7
Bòbiles C. de les	17	E7
Bòbiles Parc de les	17	D6
Bon Humor C. del	31	G7
Bonvehí Ptge. de	18	F8
Bosc Av. del	17	D6-D7
Botànica C. de la	30-31	H4-J7
Bruc C. del	16	E5
Buenos Aires C. de	32	G8
Cadí Pl. del	17	E7
Cadmi C.	15	D4
Calderon de la Barca C. de	17	D6
Campoanor C. de	30	F6-G5
Can Boixeres Jardins de	16	D5
Can Cluset Parc de	16	E5
Can Politic Ptge. de	29	F4
Can Serra Av. de	16	E5-E6
Can Tries C. de	30-31	G6
Canalejas Pl. de = 491	17	E7
Canalejas Ptge. de	17	E7
Canigó C. del	17	F6
Canyet C. del	31	G6
Carbonell Ptge. de = 492	15	E4
Carme C. del	30	H4-H5
Carme Ptge. del	30	H5
Carmen Amaya Av. de	30	G5-G6
Carpa C. de la	16	D6
Carrasco i Formiguera C. de	17	F7
Carrilet Av. del	29-32	E4-G8
Casanovas C. de	16	E5
Castelao C. de	31	F7-G7
Castellbo C. de	16	D5-D6
Castellvell C. de	17	E6-E7
Castillejos C. dels = 493	16	F5
Catalana Rbla .	18	F8
Catalunya Av. de	17	E6-E7
Caterina Albert C.	30	F6-G6
Cavall Bernat C. del	32	F8-G8
Cementiri Ptge. del	17	D7
Centre C. del	16	E5
Ceravalls C. de	17	E6
Cervantes C. de	17	D6
Churruca C. de	17	D6-D7
Ciències C. de les	30-31	H5-H7
Cinca C. del	18	E8
Cirerers Pg. dels	15	D4
Ciutat Comtal C. de la	17	F6
Claret C. de	18	F8
Clavells C. dels	17	D6
Clotet C. del	31	F7-G7
Cobalt C. de	29-17	E3-F6
Collblanc Ctra. de	17	D7
Collblanc Travessera de	17	E7-E8
Collserola C. de	17	D7-E7
Colom C. de	30	G6

Nombre/Nom — Plano n° — Plánol n° — Cuadrícula — Coordenada

Colom Ptge. de 17 F7-F8
Comerç C. del 31 G7-G8
Comunitats Pl. de les 15 D4
Concepció Ptge. de la 18 F8
Congost Ptge. del...............................32 F8
Constitució Pl. de la 15 E4
Cooperativa C. de la 31 F7-G7
Cornellà Ctra de 15 D4
Corominas C. de 17 F7
Cortada C. de 17 E7
Corts Trav. de les...............................18 E8
Costa Ptge. de 18 E8
Cotonat C. de 17 E7-E8
Covadonga C. de 17 D7
Croixoll Jardins..................................16 E5
Creu Roja C. de la 18 E8
Crom C. del.......................................29 F3-F4
Cultura C. de la 17 F7
Digoine C. de 15 E4-E5
Diògenes C. de 17 D6-E6
Doctor Fleming C. del..........................31 G7-G8
Doctor Gregorio Marañón C. del............17 F7
Doctor Jaume Ferran i Clua C. de...........18 E8
Doctor Martí i Julià C. del 18-32 E8-F8
Doctor Ramon Solanich i Riera
   C. del...17 D7-E7
Dolors Ptge. dels 30 H5
Dos Ptge..32 F8
Dos de Maig C. del 17 E7-E8
Ebre C. de l' 16 E6
Eivissa Pl. d' 17 D6
Electricitat Av. de l' 16 D6
El.lipse C. de l' 17 D7
Emigrant C. de l' 15 D4
Empecinado C. de l'...........................17 D6
Emporda C. de l' 17 D7
Empúries C. d' 17 D7
Enginyer Moncunill C. de l' 17 E7
Enllaç Via d' 15 C4
Enric Morera C. d' 31 G7
Enric Prat de la Riba C. d' 16-17 E5-F6
Envasos C. dels 31 H7
Ermita de Bellvitge C. de l' 29 G4
Escorxador Ptge. de l' = 494 ....15 E4
Escultara C. de l' 32 H8
Església C. de l' 15 E4-E5
Esmaragda C. de l' 17 E6
Espanya C. d' 16 E5
Espanyola Pl......................................18 E8
Esplugues Ctra. d' 16 D5
Esquadres C. de les 16 E5-E6
Estadella Ptge. d' 16 F5
Esteve Grau C. d'...............................17 D7
Estrella C. de l' 16 E6-F6
Estronci C. de l' 15 D4
Estruch C. d' 18 E8
Estudi C. de l' 17 E7
Europa Av. d' 30 G5
Fabregada Av. de la 30 F5
Famadas C. de 29 E4-F4
Farnés C. de 18 E8
Faus C. de...16 D5-D6

Federico García Lorca Pl. = 497 ....17 D7
Feixa Llarga C. de la 29 F3-G3
Felip Pedrell C. de 17 E7
Ferré C. de 17 E7
Ferrer i Guàrdia C. 31 F6
Finestrelles C. de 17 D7-E7
Física C. de la 31 H7
Florida C. de la 17 E6-E7
Floridablanca C. de 17 D7
Font C. de 17 E7
Font Pl. de la 16 D5
Fonteta Camí de la.............................16 D5-E5
Fortuna C. de la.................................31 F7-G7
Fortuny C. de.....................................18 E8
França C. de 30 F5-G5
Francesc Ptge. de 30 H5
Francesc Moragas C. de 29 E4-F4
Francesc Layret C. de 18 E8
Frederic Prats C. de 15 E4
Galvany C. de 16 E6
Garraf C. de 17 E7
Garrofers C. dels 17 E7
Gasòmetre C. del...............................31 F7-G7
General Manso C. del 17 D7
General Prim C. del 31 F7-G7
Girona C. de 16 E5
Glòria C. de la 17 F7
Gonçal Pons C. de 17 F7
Goya C. de 18 F8
Gran Via Av. de la 28-32 G1-G8
Granada C. de 17 E7
Graner C. de 17 E7
Granollers C. de 16 D5
Gravina C. de 17 D6-D7
Guernica Pl. de 18 E8-F8
Guilera Ptge. de.................................17 F7
Herrero C. d' 31 G6
Hierbabuena C. de la 16 D6
Holanda C. d' 18 F8
Ibarz C. d' 31 G6
Iberia C. d' 17 D6-D7
Igualtat C. de la 31 G7
Illes Canàries C. de les 17 E6
Independència C. de la 31 H6-H7
Indústria C. de la............................44-45 J5-J6
Indústrial Travessia........................29-30 F3-G6
Isaac Peral C. d' 31 F7-F8
Isabel la Católica Av. d'..................16-17 F5-D6
Jacint Verdaguer C. de 32 G8
Jansana C. de 17 F7
Jansana Ptge. de 31 F7
Jardí C. del 17 E7
Jaume Ptge. de..................................30 H5
Jerusalem C. de 31 G6
Joan Maragall C. de 16 E6-F6
Joan Pallarès C. de 15 E4-E5
Joan XXIII C. de 17 F6
Joaquima Ptge. de 30 H5
Joncs C. dels 30 G6
Josep Anselm Clavé C. de....................32 G8
Josep Bordonau i Balaguer Pl. de 15 E4
Josep Maria de Sagarra C. de 29 E4

Josep Molins Av. de 17 **D7**
Josep Pla C. de 16 **E5-F5**
Josep Prats C. de 15 **E4**
Josep Tarradellas i Joan Av. de............16-17 **D4-F7**
Joventut C. de la 18 **E8-F8**
Juan de Juanes C. de 31 **G6**
Juan de Toledo C. de 16 **E6**
Juan Ramón Jimenez C. de 31 **F6-G6**
Just Oliveras Rbla. de 16 **E5**
Lavinia C. de 17 **F6-F7**
Leonardo da Vinci C. de.......................16 **F6**
Libel.lula C. de la 17 **E6**
Literatura C. de la 31 **H7**
Llançà C. de 18 **E8-F7**
Llavines C. de les 18 **E8**
Lleida C. de...16 **E5**
Lleó C. de 16 **D5**
Llevant C. de 17 **E7**
Llibertat Pl. de la 17 **E7**
Llobregat C. del 18 **E8-F8**
Llopis Ptge. de 18 **F8**
Llorer C. del...17 **E6**
Llunàs C. de 15 **C4**
Llunàs Ptge. de 15 **C4**
Luarca C. de 17 **D6**
Major C. 15 **E4-E5**
Maladeta C. de la 16 **D6**
Málaga C. de 16 **D5**
Maluquer C. de 32 **F8**
Manuel Azaña Av. de 17 **D7**
Marató C. de 31 **F7-G7**
Marcel.lí Esquius C. de 16-17 **D6**
Mare de Déu de Bellvitge
   Av. de la 29 **F4-G4**
Mare de Déu de la Llum C. de la 17 **E7**
Mare de Déu de la Mercè C. de la 16 **F6**
Mare de Déu de Montserrat
   C. de la..16 **E5**
Mare de Déu de Montserrat
   Pl. de la..29 **E4-F4**
Mare de Déu de Núria C. de la 17 **E7**
Mare de Déu de Puigcerver
   C. de la = 498 ....17 **E7**
Mare de Déu del Carme C. de la 17 **E7**
Mare de Déu del Pilar Pl. de la 17 **D7**
Mare de Déu dels Desemparats
   C. de la...32 **F7-F8**
Maria Auxiliadora C. de........................32 **G8**
Marina Rbla. de la 29 **E5-G4**
Marquesa Parc de la 18 **E8**
Martí i Blasi C. de 17 **E7**
Martí i Codolar C. de............................32 **G8**
Martorell C. de 17 **E7**
Mas C. de..18 **F7-F8**
Masnou Av. de 17 **E6-E7**
Mata Ptge. de 32 **F8**
Menéndez Pidal C. de 16 **E6**
Menorca C. de 17 **E6**
Mercader C. de 17 **E7**
Mercat C. del 29 **E4**
Mestre Candi C. del 16 **F5-F6**
Mestre Carbo C. del..............................31 **G7**

Mestre Clavé Pl. del 16 **E5-F5**
Mestre Serrano C. del = 499 ....17 **D7**
Metal.lúrgia C. de la 31-45 **H7-J7**
Metro Av. del 32 **F8-G8**
Mig Ctra. del 29-30 **F3-F6**
Migdia C. del 16 **F5**
Miguel Hernández C. de 30 **H5-J5**
Milans Ptge. de 29 **F4**
Mimoses C. de les 17 **E6**
Mina C. de la 16-17 **D6**
Miner Ptge. 16 **F6**
Miquel Peiró i Victorí C. de...................15 **D4**
Miquel Romeu C. de.............................16 **F6**
Miraflors Av. de 17 **D7-E7**
Miralta C. de 15 **D4**
Mistral C. de 17 **E7**
Modern C...31 **G7**
Molí C. del 16 **D6-E6**
Molinés C. de = 500 ....15 **E4-E5**
Mont C. del 17 **E7-E8**
Mont-Ras C. de 17 **D7**
Montseny C. del 18 **F7-F8**
Monturiol Pl. de 31-31 **G6-G7**
Mossen Homar Pl. de 15 **E4**
Mossen Jaume Busquets C. de 18 **F8**
Mossèn Lluís Pañella C. de 16 **E5**
Mossèn Santiago Oliveras C. 16 **E5**
Motors C. dels 44 **H4-J5**
Muns C. de 31 **G7-G8**
Muntanya Barri de la = 503 ....16 **E6**
Muntanya C. de la 16 **E6-F6**
Muses C. de les 17 **E7**
Naranjos C. dels 16-17 **D6**
Narcis Monturiol C. de 31 **G7**
Natzaret C. de 31 **G7**
Niquel C. del..29 **F4**
Nord Av. del 17 **E7**
Numància C. de = 504 ....17 **D6**
Occident C. d' 18 **E8**
Ocellets Parc dels 17 **E7-F7**
Oliveras Ptge. d' 17 **E7-F7**
11 de Setembre C. de l' 18 **E8**
Orient C. d' 18 **E8-F8**
Oriental C. 16 **D5**
Orrius C. d' 17 **D6-D7**
Oviedo C. d' 17 **D6-D7**
Paquita Ptge. de = 505 ....16 **F5**
Pare Marchena C. del 15 **E4**
Pareto C. de 31 **G7-G8**
París C. de 18 **E8-F8**
Parral C. del 16 **E5**
Patronat C. del 17 **F7**
Patronat Ptge. del 17 **F7**
Pau Ptge. de la 16 **E5**
Pau Casals Av. de 16-30 **E5-F5**
Pau Redó Camí 29 **H3**
Pau Sans C. de 16 **F6**
Pedraforca C. del 17 **E6-E7**
Pedrosa A C. de 31 **H6**
Pedrosa B C. de 30-31 **H5-H6**
Pedrosa C C. de 30-31 **H5-H6**
Pedrosa E C. de....................................31 **H7**

Nombre/Nom	Plano nº	Plànol nº	Cuadrícula Coordenada
Peniscola C. de	16	E5-E6	
Pere Gelabert Pl.	30	H5	
Pere Pelegrí C. de	16	D5-D6	
Pérez Galdós C. de	18	E8	
Pi i Margall C. de	31	G7	
Piera C. de	17	E7	
Piera Ptge. de	29	E4	
Pins C. dels	17	E6-E7	
Pintor Mestre i Castellví C. del	17	E6-E7	
Pintor Sorolla C. del	17	F7	
Pintura C. de la	31	G7	
Pirineus Pl. dels	18	F8	
Pius XII Pl. de	32	G8	
Planes C. de les	15	C4	
Planes Parc de les	16	E6	
Plini C. de	17	F7	
Poeta Llombart C. del	15	D4	
Pompeu Fabra C. de	15	C4	
Ponent Av. de	17	E7	
Pons Ptge. de	32	F8	
Ponsich C. de = 506	17	F7	
Portugal C. de	30	F5-G5	
Prat C. del	29	G4	
Prat de la Manta C. del	31	G7	
Previsió C. de la	31	F7	
Primavera C. de la	17	D7-E7	
Primer de Maig C. del	30	H5	
Príncep de Bergara C. del	29	E4-F4	
Progrés C. del	18	E8-F8	
Provença C. de	29	E4-E5	
Provençana C. de	31-31	G6-G7	
Provençana Pl. de	17	F7	
Pubilla Cases C. de la	17	D6	
Pubilla Cases Pl. de la	17	D7	
Pujadas C. de	17	F7	
Pujós C. de	18	E7-E8	
Ràdi C. del	16	E6	
Rafael Campalans C. de	18	E8-F8	
Rectoria Ptge. de la	15	E4	
Reforma C. de la	15	E4	
Rei en Jaume C. del	15	D4	
Remunta Pl. de la	15	E4	
Renclusa C. de la	16	D6-E6	
Repartidor Pl. del	16	E5	
Residència C. de la	29	G3	
Reverter C. de	18	F8	
Riera Ptge. de la	18	E8	
Riera Blanca C. de	18-32	E8-G8	
Riera de la Creu C. de la	16	E5	
Riera de L'Escorxador C. de la	15	E4	
Riera dels Frares C. de la	16	F5	
Rieta Camí de la	29	F4	
Rius Ptge. de	18	E8	
Rius i Carrió C. de	17	E7-E8	
Roca i Humbert C. de	29	F4	
Rodés C. de	16	E6-F5	
Rosa de Alexandria C. de la	17	D6	
Rosalia de Castro C. de	17	F6-F7	
Rosell C. de	31	G7	
Roselles C. de les	29	E4	
Roses C. de les	17	D6	
Rosich C. de	18	E8	
Rosselló C. del	32	F8	
Rossend Arús C. de	29	E4-F4	
Rovira Ptge. de	30	F5-G5	
Rubidí C. del	15	D4	
Sabadell C. de	31	F7	
Salamina C. de	17	F7	
Salvador Espriu C. de	30	H6-J6	
Salvador Seguí C. de	18	F8	
Salvadors C. de	18	F7-F8	
Salvadors Ptge. de	18	F7-F8	
Sanfeliu C. de	15	C4-D4	
Sanfeliu Parc	15	D4	
Sangoneres C. de les	31	G6	
Sant Antoni C. de	16	E5-F5	
Sant Carles C. de	16	D5	
Sant Cristòfol Ptge. de = 509	16	E5	
Sant Eugeni C. de	16	F6	
Sant Francesc Xavier C. de	17	E6	
Sant Isidre Pl. de	32	G8	
Sant Joan C. de	16	E4-E5	
Sant Jordi Pl. de	17	F6	
Sant Josep C. de	16	E6-F6	
Sant Pere C. de	16	D5	
Sant Pius X C. de	17	F6	
Sant Rafael C. de	17	E6	
Sant Ramon C. de	17	E6	
Sant Roc C. de	29	E4-F4	
Sant Roc Ctra. de	30	F5	
Santa Anna C. de	29	E4-E5	
Santa Bàrbara C. de	16	E5	
Santa Eulàlia C. de	31-32	F7-G8	
Santa Rosa C. de	29	E4	
Santiago Apòstol C. de	18	F8	
Santiago de Compostela C. de	16	F6	
Santiago Ramon Y Cajal C. de	32	G8	
Santiago Rusiñol C. de	31	F8-G7	
Saurí C. de	16	F5	
Segarra Ptge. de	31	H7	
Segòvia C. de	16	F6	
Sènia Pl. de la	18	E8	
Serp Parc de la	16	F6	
Severo Ochoa Av. de	17	D6	
Sevilla C. de	17	E6	
Simancas C. de	17	D6-D7	
Sinaí C.	31	G6	
Sort C. de	17	E7	
Subur C. de	17	E6	
Talaia C. de la	15	E4	
Tarragona C. de	16	E5	
Tecla Sala C. de	15	E4-E5	
Teide C. del	17	E6-E7	
Tel.luri C. del	15	D4	
Ter C. del	16	E5	
Terra Alta C. de	17	D7-E7	
Terra Baixa C. de	17	F7	
Terré C. de	17	F7	
Toledo C. de	17	D7	
Tomás Giménez Av. de	17	D7	
Torns C. de	17	E7	
Torrassa Rda. de la	32	F8	
Torrent Gornal Av. del	17	E7	
Transformador C. del	17	F7	

Nombre/Nom	Plano n°	Plànol n°	Cuadrícula	Coordenada
Transversal C.		31	G7	
Treball C. del		17	F7	
Unió C. de la		32	G8	
Uva C. de la		31	G7	
Valeta C. de		15	C4	
Vallparda C. de		17	E7-E8	
Ventura Gassol Av. de		16	F6	
Via Rda. de la		32	F8-G8	
Vic C. de		16	F5	
Vicenç Martorell C. de		16	E6	
Vigo C. de		16	E5-F5	

Nombre/Nom	Plano n°	Plànol n°	Cuadrícula	Coordenada
Vila Ptge. de		15	E4	
Vilafranca Av. de		17	E6	
Vilanova Av. de		30-31	G5-F7	
Vilardosa C. de		30	F5	
Vilumara C. de		16	E5	
Vinaròs C. de		17	D6	
Vinyeta C.		17	E7	
Xerricó Ptge. de		16	E5	
Xiprér Ptge. del		32	F8	
Xipreret C. del		15	E4	
Zuloaga C. de		15	D4	

EL PRAT DE LLOBREGAT

Nombre/Nom	Plano	Cuadrícula
Begues C. de	42	H1
Cerdanyola C. de	42	H1
Enginyer Vallcorba C. de l' = 510	42	J1
Enric Borràs C. d'	42	H1
Ferrocarril C. del	28	H1
Ignasi Iglésias C. d'	42	H1
Joan Maragall C. de = 511	28	H1
Josep Anselm Clavé Av. de	28	H1
Llevant Rda. de	28-42	H2-J1
Llibertat Av. de la	42	J1
Lo Gaiter del Llobregat C. de	28	H1
Mercat Ptge. del	28	H1
Mercè Rodoreda J. de = 512	28	H1

Nombre/Nom	Plano	Cuadrícula
Mestre Jesús Ortí C. del	28	G1
Miquel Martí i Pol C. de = 515	42	J1
Nicolás M. Urgoiti C. de	28	G1-H1
Pare Andreu de Palma Av. del	42	H1-J1
Pau Casals C. de	42	H1
Pintor Isidre Nonell C. del	42	H1
Ponsich C. de	28	G1
Prat C. del	42	H1
Rector Pere Pellicer C. del	42	H1
Sant Cugat C. de = 516	42	H1
Sant Joaquim C. de	42	H1
Verge de Montserrat Av. de la	42	J1
Vila de Begur C. de la	42	H1

SANT ADRIÀ DE BESÒS

Nombre/Nom	Plano	Cuadrícula
Agustina d'Arago C. d'	41	H23
Alameda Pg.	41	G23
Alarcon C. d'	41	G22-G23
Albéniz C. d'	55	J23
Almirall Oquendo C. de l'	41	G22-G23
Andreu Molins Pl. d'	41	G23
Andreu Soler C. d'	41	G24
Andreu Vidal C. d'	41	G23
Angel Guimerà C. d'	41	H24
Anselm Clavé C. d'	41	H24
Antic de Valencia C.	41	H23
Argentina C. de l'	40	H22
Arquimedes C. d'	41	H24
Atlàntida C. de l'	41	G24
Balmes C. de	41	F23-G23
Barca C. de la	41	H24
Barcelona C. de	55	J24
Benlliure C. de	55	J23
Berenguer C. de	40	H22
Besòs C. del	41	G23
Besòs Parc del	40	H22

Nombre/Nom	Plano	Cuadrícula
Biscaia C. de	40	H22-G22
Bogatell C. del	41	H23-G24
Bon Pastor Av. del	41	F23-G23
Calalunya Av. de	41	G23-H24
Canigó Pl. del	55	J23
Canyes Ptge. de = 518	55	J23
Catalana Ctra. de la	55	J23
Cervantes C. de	55	J23
Corts Catalanes Av. de les	41	H23-H24
Cristòfol Colom C. de	41	H23
Cristòfol de Moura C. de	54-55	J22
Dalt Pl. de	41	G24
Doctor Barraquer C. del	41	G23
Doctor Fleming C. del	40	H22
Doctor Trueta Pl. del = 521	41	G23
Eduard Maristany Av. d'	55	J23-J24
Escoles C. de les	41	H24
Església C. de l'	41	G23-G24
Església Pl. de l'	41	G23-G24
Federico Garcia Lorca C. de = 522	40	H22

Nombre/Nom	Plano n°	Plànol n°	Cuadrícula Coordenada
Fermí Borràs C. de	41		H23-H24
Ferrocarril Av. del	40		G22
Festa Major d'Iquique C.	41		H24
Fuensanta Pl. = 523	41		H24
General Asensi C. del	40		G22
Girona C. de	55		J24
Goya C. de	40		H22
Guadarrama C. de = 527	41		H23
Ifni C. d'	55		J24
Joan d'Austria Pg. de	41		G23-F23
Joan Fivaller C. de	41		H24
Joan XXIII Av. de	41		G24
Joaquim Blume C. de	41		G23
Joaquim Ruyra C. de	55		J23
Josep Royo C. de	41		G23-G24
Josep Tarradellas Pl. de	40		H22
Jovellanos C. de	41		G22-G23
Lepanto C. de = 529	55		J23
Litoral Parc del	55		J24
Lleida C. de	55		J24
Lope de Vega C. de	55		J23
Macià Placeta	41		H24
Major C.	41		G24
Mañe i Flaquer Ptge. de = 530	55		J23
Manuel de Falla C. de	55		J23
Manuel Fernández Marquez Av. de	54-55		J22-J23
Mar C. del	54		J22
Maragall C. de	41		H23-H24
Mare de Deu de Covadonga C. de la	41		F23-G23
Mare de Deu de Montserrat C. de la	41		F22-G23
Mare de Déu del Carme C. de la	55		H23-J24
Mare de Déu del Pilar C. de = 533	41		H23
Maria Grau Pl. de	41		G23
Mataró Ctra. de	40		H22-G22
Mercat Pl. del	41		G24
Miquel Servet C. de	41		G23
Monges C. de les	41		G23-G24
Moratín C. de	55		J23
Mossèn Anton Pl. de	41		H23
Mossèn Cinto Verdaguer C. de	41		G24-H24
Mossèn Josep Pons C.	41		G23
Mossos d'Esquadra Pl. dels	55		J23
Narcís Monturiol Pl. de = 535	41		H24
Nebot C. de	41		G23-G24
Numància C. de	55		J23
Olímpic C.	41		H23
Onze de Setembre C. de l'	41		H24
Orella C. de l' = 536	41		G24
Pau C. de la	41		H23-H24
Pereda C. de	41		G22-F23
Pi i Gibert C. de	41		H23-H24
Pi i Margall Av. de	41		G23-G24
Pius XII Pl.	40		H22
Platja C. de la	55		H24-J24
Pompeu Fabra C. de	41		H23
Ponent C. de	54-55		J22
Prat C. del	41		G23
Rafael Casanova C. de	41		G23
Rumbleta Pg. de la	41		G23-H23
Ramon Llull C. de	41		H23
Ramon Viñas C. de	55		H24-J24
Ramon y Cajal C. de	55		J23
Rei Pelai C. del = 540	41		H23
Ricart C. de	41		G23-H23
Sant Bonaventura C. de = 541	41		G24
Sant Isidre C. de	41		G23
Sant Joan C. de	41		G23-G24
Sant Joaquim C. de	41		H23-H24
Sant Jordi C. de	41		H24
Sant Miquel C. de	41		H23-H24
Sant Oleguer C. de	41		G24
Sant Pere C. de	41		H23-H24
Sant Ramon de Penyafort Rda. de	54-40		J22-H22
Santa Caterina C. de	41		H24
Saragossa C. de	55		J24
Somosierra C. de	40		H22
Tarragona C. de	55		J24
Tibidabo C. de	41		G22-G23
Torrassa C.	41		H24
Trajana Via	40		G22
Univers Ptge. de l' = 542	55		J23
Usandizaga C. d'	55		J23
València C. de	55		J24
Valls d'Andorra C. de les	41		H24
Velázquez C. de	41		G23
Verneda C. de la	41		G23
Vidal Folch Ptge. de	41		H24
Vila Pl. de la = 543	41		H23
25 d'Octubre Pl. = 544	40		H22
Xaloc C. del	54		J22
Zorrilla C. de	41		G22

SANT JOAN DESPÍ

Nombre/Nom	Plano nº	Plánol nº	Cuadrícula Coordenada
Ángel Guimerà			
C. d' = 546	15		B3
Cirerers C. dels	15		B3-B4
Cornellà de Llobregat			
C. de = 547	15		B3
Enrique Granados C. d'	15		B3
Flors Av. de les	15		B3
Francesc de Sales C. de	15		B3-B4
Frares C. del	2		B4

Nombre/Nom	Plano nº	Plánol nº	Cuadrícula Coordenada
John F. Kennedy C. de	15		B3
Josep Maria Pi i Sunyer			
C. de = 548	15		B3
Lluís Millet C. de = 551	15		B3
Mare de Déu de la Mercè			
C. de la = 552	15		B3
Sabina Mitjavila C. de	2		B4
Sagrada Família C. de la = 553	15		B3
Sant Francesc d'Assis C. de	15		B3-B4

SANT JUST DESVERN

Nombre/Nom	Plano nº	Cuadrícula
Àngel Guimerà C. d'	2	A6
Ateneu C. de l'	2	A5
Baix C. de	2	A5
Baix Llobregat Av. del	2	A4
Balmes C. de	3	A6
Basses de Sant Pere Pl. de les	2	A6
Batista i Roca C. de	3	A6
Bellesguard Ptge. = 554	2	A5
Bonavista C. de	2	A5
Bruc C. del	3	A6
Canigó C. del	3	A6
Carbonell Ptge. de	2	A5-B5
Catalunya C. de	2	A5
Ciment C. = 557	2	A4
Circumvalació C. de la	2	A4
Constitució C. de la	2	B4
Constitució Pl. de la = 559	2	B4
Constitució Ptge. de la = 558	2	B4
Creu C. de la	2	A5-A6
Creu del Pedró C. de la	3	A6
Doctor Ribalta Av. del	2	A5-B5
Dolors Modolell C. de	2	A6
2 C. nº	2	A4
Dos de Maig C. del	3	A6
Electricitat C. de l'	2	A5
Estalvi C. de l'	2	A5-B5
Forja C. de la	2	A4
Frederic Mompou C. de	2	B4
Freixes C.	2	A6
Generalitat de Catalunya		
C. de la	2	A4-B5
Hereter C. d'	2	A5
Ismael Sahun Pl. d'	3	A6
Joan Maragall C. de = 560	2	A5-A6
Joan Maragall Pl. de	2	A5-A6
Llobregat Ptge.	2	B5
Lurdes C. de	2	A6
Major C.	2	A5
Major Ptge.	2	A5

Nombre/Nom	Plano nº	Cuadrícula
Maragall Ptge. de	2	A5-A6
Marquès de Monistrol C. del	2	A5
Mercat C. del	2	A6
Mil·lenari Parc del	2	A6
Modolell Rbla. de	2	A5
Monges Parc de les	2	A6
Montseny Ptge. del = 561	2	A5
Montserrat C. de	2	A5
Muntanya C. de la	2	A6
Nord C. del	2	A6-B5
Països Catalans C. dels	2	A5-B5
Parlament Català C. del	2	A4-A5
Raval de la Creu C. del	2	A5
Reial Ctra.	2	A4-A5
Roquetes C. de	2	A4-A5
Sadet C.	2	A4-A5
Sagrat Cor C. del	2	A5
Sagrat Cor Pl. del	2	A5
Sanson C. = 562	2	A4
Sant Antoni Mª Claret C. de	2	A6
Sant Emili C. de	2	A6
Sant Ferran C. de	2-3	A6
Sant Isidre C. de	2	A6
Sant Joan C. de	2	A4-A5
Sant Josep C. de	3	A6
Sant Just Rbla. de	2	A5
Sant Martí de l'Erm C. de	2	B4
Sant Pastor Pl. de	2	A6
Sant Sebastià C. de	2	A4
Santa Gertrudis Ptge. de	2	B5
Santa Teresa C. de	2	A6
Serral Ptge. del	2	A5
Sol Pl. del	2	A5-A6
Tramuntana C. de la	2	A6
3 C. nº	2	A4
Unió C. de la	3	A6
Verge del Pilar C. de la	2	A5-A6

SANTA COLOMA DE GRAMENET

BARCELONA

2	Abaixadors C. dels	J14-J15 S
3	Abella C. d'	C19
5	Ager C. d'	E23
7	Agullana C. d'	C20
8	Aiguallonga C. d'	C8
9	Ajuntament C. de l'	E22
10	Albarrasi C. d'	C17
13	Albet C. d'	E23
14	Albi C. de l'	E23
15	Albiol C. de l'	E23
16	Aldea C. de l'	C16
17	Alighieri C. d'	C18
19	Alsina C. de N'	J14 N
20	Alt de Mariner Ptge.	C18
21	Amadeu Vives C. d'	H15 S
22	Amer C. d'	C20
24	Andorra C. d'	D21
25	Andreví Ptge. d'	F18
26	Àngel Pas de l'	E14
27	Angle Ptge. de l'	H19
29	Ànimes Cró de les	F9
30	Anisadeta C. de l'	J15 S
31	Antic de València Camí	J11
32	Antic del Guinardó C.	E18
35	Arc de Sant Cristòfol C. de l'	J15 N
36	Arc de Sant Onofre C. de l'	J14 N
37	Arc de Sant Ramon del Call C. de l'	J14 N
39	Arc de Sant Silvestre C. de l'	J14-J15 N
40	Arc de Sant Vicenç C. de l'	J15 S
41	Arc de Santa Eulàlia C. de l'	J14 N
43	Arenes de Sant Pere C. de les	J15 N
45	Arenes dels Canvis C. de les	J14 S
46	Armengol C. d'	J15 N
47	Arquitecte Mas C. de l'	C11
49	Assemblea de Catalunya Pl. de l'	F20
50	Astor C. de l'	D24
51	Bacardí Ptge. de	J13-J14 S
52	Bagà C. de	D24
53	Baix del Turó Ptge. de	E18
55	Baliarda Ptge. de	D22
56	Bargalló C. del	D24
57	Barnola C. de	F23
58	Beat Domènec Savio C. del	D24
59	Bernat Fenollar Pg.	E19
60	Béthencour C. de	F10
61	Bisbe Caçador C. del	J14 S
62	Biure C. de	C19
63	Bordils C. de	C20
65	Bosch i Labrús Ptge. de	J19
66	Bragança C.	B17
67	Broca C. de	D24
69	Brocaters C. dels	J14 N
70	Brosolí C. del	J14-J15 S
71	Cadernera Ptge. de la	D17
73	Calafell Ptge. de	C17
74	Calella C. de	J14 S
75	Calendau C. de	D15-C15
76	Calonge C. de	D24
79	Camil Oliveras Ptge. de	E16
80	Can Robacols Pl. de	G18
82	Candeles C. de les	J15 N
83	Canonge Cuffi Pg. del	F17
84	Canonja Bda. de la	J14 N
85	Canvis Nous C. dels	J14 S
88	Canvis Vells C. dels	J15 S
89	Canyelles C. de	C11
90	Cap del Món C. del	J14 S
91	Capdevila Ptge. de	C18
94	Caputxes C. de les	J15 S
95	Carassa C. de la	J15 S
96	Carlota de Mena Ptge. de	K17
97	Carolines Cró de les	E14
100	Cartago C. de	C15
101	Casas i Jover Ptge. de	H19
102	Cecs de la Boqueria C. dels	J14 N
103	Cecs de Sant Cugat C. dels	J15 N
106	Celrà C. de	C20
107	Centre de Mercè Gonzaga C. del	D24
108	Cerdà C. de	E21-E22
109	Ciceró C. de	F10-G10
112	Ciutadella C. de	B18
113	Ciutat de Mallorca Ptge. de la	D20
114	Clarà C. de	D24
115	Clotés C. de	C15
118	Coll del Portell Ptge. del	G16
119	Comas d'Argemi Ptge. de	D19
120	Combinació Bda. de la	C18-C19
121	Comte Tallaferro C. del	D21
124	Consellers C. dels	J14 S
125	Constància Ptge. de la	F19
126	Corretger C. del	J15 S
127	Crèdit Ptge. del	J14 S
130	Còrdova C. de	D22
131	Dames C. de les	J15 S
132	Damià Forment C. de	C16
133	Davallada Gallecs C. de	D19
136	Davant del Portal Nou C. del	J15 N
137	Degollada C. de	J19
138	Diana C. de	C19
139	Doctor Pons i Freixas Pl. del	K16
142	Domènech i Montaner C. de	A17
143	Dormitori de Sant Francesc Ptge. de	K14 N
144	Dubte C. del	H13 S
145	Ebre C. de l'	J19
148	Emili Vilanova Pl. d'	J14 S
149	Encarnació Pas de l'	E16

150 Encarnació Pdís de l' E16
151 Ensenyança C. de l' .... J14 S
154 Escala C. de l' C20
155 Escòcia Ptge. d' E20
156 Escultura C. de l' A17
157 Església Camí de l' B18
160 Església C. de l' E15
161 Esquirol C. de l' .... J14 S
162 Estudis Cró dels C11
166 Eusebi Planas C. d' F10-G10
167 Ezequiel Boixet C. d' D16
168 Fabrica C. de E22
169 Fages C. de les C19
172 Feliu Casanova Ptge. de F9
173 Ferrer de Blanes C. de F14
174 Ferreria Ptge. de la G10
175 Festa Major C. C8
178 Fideuers C. dels H10
179 Figuerola Pl. de D14
180 Fitor C. de C19
181 Flammarion
     Ptge. de B22
184 Floresta C. de la F23
185 Font de Sant Miquel
     C. de la J14
186 Formatgeria C. de la .... J15 S
187 Forn de la Fonda C. del .... J15 N
190 Fossar de les Moreres C. del .... J15 S
191 Francesc Tarafa C. de C16
192 Franqueses C. de les C18
193 Fructuós Gelabert Pas de G10
196 Funoses-Llussà C. de C16
197 Gabriel Alomar
     Pl. de D21
198 Galla Ptge. de la C19
199 Garcia i Robles Ptge. de D15
202 Garriga i Bachs Pl. de .... J14 N
203 Gatuelles C. de .... J15 N
204 Gelida C. de H21
205 Girasol Ptge. del F18
208 Gordi C. de E22
209 Guillem C. de .... J15 S
210 Guillem de Llúria C. de K19
211 Guspí C. de F23
214 Haití C. d' C16
215 Historiador Maians C. de l' G18
216 Hort dels Velluters Ptge. de l' .... H15 S
217 Hostal de Sant Antoni C. de l' .... J15 S
220 Hostal d'En Sol C. de l' .... J14 S
221 Igualtat Pg. de la F17
222 Institut Frenopàtic C. de l' E10
223 Institut Químic de Sarrià
     C. de l' B11
226 Isabel Ptge. d' C15
227 Isona C. d' F23
228 Jaume Cabrera C. de C16
229 Jaume Cascalls C. de C16
230 Joan Goula Ptge. de J17
233 Joan Massana C. de .... J14 S
234 Josep Yxart C. de D16-D17
235 Jupí C. de .... J14 S
236 Laberint C. del K19
239 Laguna de Lanao Pl. de la C16
240 Llatranc C. de C20

241 Llebre C. de la .... J14 N
242 Lluís Cutchet Ptge. de .... J13 S
245 Lluís Vives C. de F15
246 Malcuinat C. del .... J15 S
247 Mallofré Ptge. de C11
248 Malnom C. del H13-J13
251 Manuel Sancho Ptge. de D20
252 Maria Paretas C. de C18
253 Mariana Pineda C. de F14-F15
254 Marquès de Santa Ana
     C. del D14
257 Marquès de Santillana
     C. del E21
258 Marquesa de Caldes de Montbui
     Plta. de la D19
259 Masadas Pl. de F20
260 Masriera C. dels G9
263 Mataplana C. G18
264 Mateu Ferran C. de E21
265 Marquès de Catellbell Ptge B18
266 Mercat Bda. del C18
267 Mercat C. del E21
269 Meridional C. G18
270 Mestre Aloi C. del H22
271 Mestre Serradesanferm
     C. del C18
272 Mestres Casals i Martorell
     C. dels .... J15 N
275 Mil vuit-cents Ptge. del .... J13 N
276 Ministral Ptge. de C16
277 Misser Ferrer C. del .... J14 N
278 Modest Urgell C. de E22
281 Mollet C. de D24
282 Mont de Pietat Pg. F18
283 Montanyans C. de .... J15 N
284 Montfar C. de H10
287 Montjuïc del Bisbe C. dels .... J14 N
288 Montserrat Ptge. de J19
289 Morenes Ptge. de H20
290 Mossèn Epifani Lorda
     C. de C24
293 Mossèn Masdexeixart
     C. de E16
294 Muntanyola C. de A19
295 Mur C. de F23
296 Nalón C. de E8
299 Neu de Sant Cugat
     C. de la .... J15 N
300 Nicolau de Sant Climent
     C. de .... J15 S
301 Nínive C. de A16
302 Novelles C. de les F23-F24
305 Odena C. d' D24
307 Ojeda C. d' B22
308 Orfila Pl. d' E22
311 Orgues C. dels .... J14 S
312 Oriol Ptge. d' J19
313 Ouadra C. de la B8-B9
317 Palautordera Bda. de D19
318 Paletes C. dels C11
319 Pallejà C. de D24
320 Pals C. de C19
323 Panses C. de les .... J14-J15 S
324 Paradís C. del .... J14 N

325 Pare Miquel de Sarrià
 C. del C11
326 París Ptge. de F17
329 Parròquia C. de la C11
330 Pati Llimona Plta. .... J14 S
331 Paul Claudel Pl. de D19
332 Pedregar Bda. del B22
335 Pere Joan C. de H22
336 Pere Oller C. de H22
337 Pineda C. de C16
338 Pinós C. de C11
341 Pins C. de C19
342 Pintura C. de la A17
343 Pom d'Or C. del .... J14 S
344 Pons i Subirà C. de J19
347 Portadores C. de les .... J14 S
348 Pou de la Cadena
 C. del .... J15 N
349 Pou de la Figuereta
 C. del .... J15 N
350 Pou de la Riera C. del F14
353 Pou de L'Estanc
 C. del .... J15 S
354 Pou de L'Estany C. del .... J15 S
355 Pou Dolc C. del .... J14 S
356 Prim Pl. de K19
359 Profeta C. del F15
360 Nen de la Rutlla Pl. del E18
361 Puríssima Concepció
 C. de la J11
362 Quer C. de C19
365 Querol C. de H10
367 Rector Voltà C. del C11
368 Rei Pl. del .... J14 N
370 Reina Elionor C. de la .... J14 S
371 Rera Sant Just C. de .... J14 S
372 Ricart C. de H11
373 Riudarenes C. de .... J14 S
374 Rodriguez C. de F9
377 Rois de Corella C. de H22
378 Roser Plta. del C11
379 Rosic C. d'En .... J14-J15 S
380 Salvador Aulet
 C. de .... J14 S
383 Salze C. del C16
384 Samsó C. de F15
385 Sanet C. de F23
386 Sant Antoni dels Sombrerers
 C. de .... J15 S
389 Sant Bartomeu de la Quadra
 Cost. de B8
390 Sant Ciril C. de E17
391 Sant Domènec
 de Santa Caterina C. de .... J15 N
392 Sant Felip Neri C. de .... J14 N
395 Sant Feliu de Guixols C. de F9
396 Sant Francesc de Paula
 C. de .... H14 S
397 Sant Iu Pl. de .... J14 N
398 Sant Jacint C. de .... J15 N
401 Sant Manuel C. de C19
402 Sant Maurici C. de G10
403 Sant Pere de Romanies C. de C8-C9
404 Sant Simplici C. de .... J14 S

405 Sant Tarsici Pas de E19-E20
407 Santa Caterina Pl. de .... J15 N
408 Santa Clara
 Bda. de .... J14 N
409 Santa Clotilde C. de E15
410 Santa Creu C. de E15
413 Santa Eulàlia Pl. de D19
414 Santa Joaquima de Vedruna
 C. de E19
415 Santa Maria de Villalba
 Ptge. de B9
416 Segons Jocs Mediterranis
 C. dels H11
419 Segòvia C. de .... J14 N
420 Semoleres C. de les .... J15 N
421 Sentis C. de F23-F24
422 Serra Xic C. d'En .... J15 N
425 Serrahima Ptge. de J11
426 Sol Pl. del E15
427 Sospir Pg. G19
428 Tallada C. de la F23-F24
431 Tarongeta C. de la .... J14 S
432 Teixonera Pl. de la C16
433 Tell C. de F23
434 Tiana C. de D24
437 Tiradors C. dels .... J15 N
438 Tomàs Mieres
 C. de .... H14 S
439 Tonell C. del .... J14 S
440 Topete C. de K19
443 Torre Llobeta Pl. de la D19
444 Torrent de la Guineu
 Pg. del F19
445 Torres d'en Trinxant
 Ptge. de les G19
446 Torrevieja C. de K16
449 Traginers Pl. dels .... J14 S
450 Travessia C. de la D15
451 Triangle C. del .... J15 S
452 Trinitat Ptge. de la H20
456 Tripó C. d'En .... J15 S
457 Trompetes C. de les .... J14 S
458 Turó Trinitat Pl. del C24
461 Ureña Pg. F17
462 Uruguai C. de l' C16
463 Vallmitjana C. de K19
464 Valls Pg. de F17
467 Vell de Sarrià Camí F12
468 Victor Balaguer
 Pl. de .... J14 S
469 Vilella C. de la D24
473 Volta de la Perdiu
 C. de la .... J14-J15 N
474 Volta del Remei
 C. de la .... J14 N
475 Volta dels Tamborets
 C. de la .... J15 S
476 Volta d'En Bufanalla
 C. de la .... J15 S
479 Volta d'En Colomines
 C. de la .... J14 N
480 Volta d'En Dusai
 C. de la .... J15 S

BADALONA

481 Europa C. de l' G24
482 Ramiro de Maeztu C. de G24

CORNELLÀ DE LLOBREGAT

483 Gustavo A. Becquer C. de C1
484 José Canalejas C. de D1
485 Llobregat C. de C2
486 Sant Bernat de Menthon
    C. de C1
487 Vell d'Esplugues Camí B3

ESPLUGUES DE LLOBREGAT

488 Alexandre Gall Ptge. d' B5

L'HOSPITALET DE LLOBREGAT

491 Canalejas Pl. de E7
492 Carbonell Ptge. de E4
493 Castillejos C. dels F5
494 Escorxador Ptge de l' E4
497 Federico García Lorca Pl. D7
498 Mare de Déu de Puigcerver
    C. de la E7
499 Mestre Serrano C. del D7
500 Molinés C. de E4-E5
503 Muntanya Barri de la E6
504 Numància C. de D6
505 Paquita Ptge. de F5
506 Ponsich C. de F7
509 Sant Cristòfol Ptge. de E5

EL PRAT DE LLOBREGAT

510 Enginyer Vallcorba
    C. de l' J1
511 Joan Maragall C. de H1
512 Mercè Rodoreda J. de H1
515 Miquel Martí i Pol C. de J1
516 Sant Cugat C. de H1

SANT ADRIÀ DE BESÒS

518 Canyes Ptge. de les J23
521 Doctor Trueta
    Pl. del G23
522 Federico García Lorca C. de H22
523 Fuensanta Pl. H24
527 Guadarrama
    C. de H23
529 Lepanto C. de J23
530 Mañe i Flaquer
    Ptge. de J23

SANT JOAN DESPÍ

SANT JUST DESVERN

Telèfons útils
Teléfonos útiles
Téléphones utiles
Useful telephone numbers
Nützliche Telefonnummern
Numeri di telefono utili

Informació turistica – Centros de información turística
Offices d'informations touristiques – *Tourist information centres*
Tourist Information – *Uffici informazioni turistiche*

Oficina de turismo de la Generalitat
    Passeig de Gràcia 107 (Palau Robert) 93 238 40 00
    www.gencat.es/probert
Oficinas de Informació de turisme de Barcelona
    Plaça Catalunya – Plaça de Sant Jaume
    Estació de Sants 807 117 222
    www.barcelonaturisme.com
Aeroport – Aeropuerto..93 298 38 38
Centre d'informació de la Virreina – La Rambla, 99
    (Palau de la Virreina) 93 301 77 75

Ajuntament – Ayuntamiento
Mairie – *City Hall* – Rathaus – *Municipio*

Barcelona Informació ....010 / 807 317 010
    www.bcn.es

Serveis d'assistència – Servicios de asistencia
Assistance – *Emergency services*
Notdienste – *Numeri d'emergenza*

Telèfon únic d'emergències 112
Urgencies – Urgencias..061
Policia Nacional 091
Guàrdia Urbana – Policia Municipal 092
R.A.C.C (Real Automòbil Club de Catalunya) 902 452 452
R.A.C.E (Real Automovil Club de España)..............................902 120 441
Bombers – Bomberos 080
Objectes perduts – Objetos perdidos...010

Transports – Transportes

Transports – *Transport*
Transporte – *Trasporti*

Aeroport de Barcelona-Prat – Aeropuerto de Barcelona-Prat
....93 298 38 38
RENFE 902 240 202
Estació Marítima...93 295 91 00
Taxis:
    Ràdio-Taxis 033 ....93 303 30 33
    Taxis (telèfon audiotex) 93 481 10 85
    Taxis radio-movil 93 358 11 11

MANUFACTURE FRANÇAISE DES PNEUMATIQUES MICHELIN

Société en commandite par actions au capital de 304 000 000 EUR

Place des Carmes-Déchaux – 63 Clermont-Ferrand (France)

R. C. S. Clermont-Fd B 855 200 507

© Michelin et Cie, Propriétaires-Éditeurs 2004

Dépôt légal Juin 2004 – 5e édition - ISBN 2-06-204000-8

Please help us to correct errors and omissions by writing to us at

MICHELIN Éditions des Voyages

46 avenue de Breteuil, 75324 PARIS cedex 07 – FRANCE

Printed in France 05-04/5.1

Photocomposition: NORD COMPO, Villeneuve d'Ascq

Impression: AUBIN Imprimeur, Ligugé

Brochage: SIRC, Marigny-le-Châtel

CARTE STRADALI E TURISTICHE PUBBLICAZIONE PERIODICA

Reg. Trib. Di Milano N° 80 del 24/02/1997 Dir. Resp. PAOLO RICCARDI